MOZART

Sociologia de um gênio

Norbert Elias

MOZART

Sociologia de um gênio

Organizado por
MICHAEL SCHRÖTER

Tradução:
SERGIO GOES DE PAULA

Revisão Técnica:
RENATO JANINE RIBEIRO

12ª reimpressão

ZAHAR

Edited by Michael Schröter

Publicado originalmente sob o título *Mozart, Zur Soziologie eines Genies* por Suhrkamp Verlag, de Frankfurt, Alemanha

Capa
Gustavo Meyer

CIP-Brasil. Catalogação na publicação
Sindicato Nacional dos Editores de Livros, RJ

Elias, Norbert
E41m Mozart, sociologia de um gênio / Norbert Elias; organizado por Michael Schröter; tradução Sergio Goes de Paula; revisão técnica Renato Janine Ribeiro. — 1ª ed. — Rio de Janeiro: Zahar, 1995.

Tradução de: Mozart, Zur Soziologie eines Genies.
ISBN 978-85-7110-302-3

1. Mozart, Wolfgang Amadeus, 1756-1791 – Bibliografia. I. Schröter, Michael. II. Título. III. Série.

CDD: 927.8
94-1558 CDU: 92 (MOZART)

[2021]

EDITORA SCHWARCZ S.A.
Praça Floriano, 19, sala 3001 — Cinelândia
20031-050 — Rio de Janeiro — RJ
Telefone: (21) 3993-7510
www.companhiadasletras.com.br
www.blogdacompanhia.com.br
facebook.com/editorazahar
instagram.com/editorazahar
twitter.com/editorazahar

Sumário

Parte I
Reflexões Sociológicas Sobre Mozart

Parte II

PARTE I

REFLEXÕES SOCIOLÓGICAS SOBRE MOZART

Ele simplesmente desistiu

Wolfgang Amadeus Mozart morreu em 1791, aos 35 anos, e foi enterrado numa vala comum a 6 de dezembro. Qualquer que tenha sido a doença aguda que contribuiu para seu prematuro falecimento, o fato é que, antes de morrer, Mozart várias vezes esteve próximo do desespero. Aos poucos, foi se sentindo derrotado pela vida. Suas dívidas aumentavam. A família se mudava de um lugar para outro. O sucesso em Viena, que para ele talvez significasse mais do que qualquer outro, jamais se concretizou. A alta sociedade vienense deu-lhe as costas. O rápido avanço de sua doença fatal pode muito bem estar ligado ao fato de que, para ele, a vida perdera o valor. Sem dúvida alguma, morreu com a sensação de que sua existência social fora um fracasso. Falando metaforicamente, morreu pela falta de significado de sua vida, por ter perdido completamente a crença de que seus desejos mais profundos seriam satisfeitos. Duas fontes de sua determinação de viver, dois mananciais que alimentavam seu sentimento de autoestima e importância, estavam quase secos: o amor de uma mulher em quem pudesse confiar, e o amor do público vienense por sua música. Por algum tempo ele gozara de ambos; e ambos ocupavam o lugar mais alto na hierarquia de seus desejos. Há muitas razões para se crer que, em seus últimos anos de vida, ele sentia cada vez mais que perdera os dois. Esta era a sua tragédia — e a nossa — enquanto seres humanos.

Hoje, quando o simples nome de Mozart para muitos se tornou símbolo do maior prazer musical que nosso mundo conhece, pode parecer incompreensível que um homem dotado de tais poderes mágicos de criatividade pudesse ter encontrado morte prematura — levando consigo para a sepultura inimagináveis criações musicais ainda por compor — porque a falta de amor e generosidade das pessoas aprofundou as suas dúvidas quanto ao valor e o significado de sua vida. Pode parecer especialmente difícil acreditar-se nisto quando o interesse é apenas por sua obra, e não pelo ser humano que a criou. Quanto a esse aspecto não devemos nos iludir julgando o significado, ou falta de significado, da vida de alguém segundo o padrão que aplicamos à nossa própria vida. É preciso indagar o que esta pessoa considerava ser a realização ou o vazio de sua vida. Mozart tinha plena consciência de seu raro dom, e transmitiu-o tanto quanto pôde. Boa parte da vida trabalhou incansavelmente. Seria temerário afirmar que ele não tivesse consciência de que sua música passaria para a posteridade. Mas não era o tipo de pessoa para quem a ideia de ser reconhecido pelas gerações futuras trouxesse consolo pela falta de reconhecimento que suportou nos últimos anos de vida, especialmente em sua cidade adotiva, Viena. A fama póstuma significava relativamente pouco para ele, enquanto a fama em vida significava tudo. Lutou por ela com plena consciência de seu próprio valor. Necessitava, porém, da confirmação imediata desse valor, especialmente por amigos e conhecidos. No fim da vida foi abandonado por quase todos os que antes tinham sido seus amigos íntimos. A culpa não era só deles — as coisas não eram tão simples assim. Mas não há dúvida de que sua solidão redobrou. Talvez ele tenha simplesmente desistido. "O rápido declínio final de Mozart", escreveu um de seus biógrafos, "após longos períodos de trabalho intenso raramente interrompidos por doenças ou indisposições; sua breve agonia, quase precipitada; sua morte súbita após um coma de apenas duas horas — tudo isso pede uma explicação melhor do que a fornecida pela medicina tradicional."[1]

Além disso, há muitas evidências de que Mozart andava atormentado por dúvidas cada vez maiores quanto ao afeto e mesmo a fidelidade de sua Constanze, a quem amava apesar de tudo. Posteriormente, o segundo marido dela afirmou que ela sempre tivera mais respeito pelo talento do que pela pessoa de Mozart.[2]

---

1 Wolfgang Hildesheimer, *Mozart,* trad. ingl. de Marion Faber Londres/Toronto/Melbourne: 1983, p.355 [ed. bras.: *Mozart*, Rio de Janeiro, Zahar, 1991, p.290].

2 Citado por Hildesheimer, *Mozart,* p.244 [ed. bras.: p.201].

No entanto, sua percepção deste talento parece ter dependido menos da compreensão da música do que do sucesso que ela alcançasse. Quando o sucesso diminuiu, quando a corte vienense, que antes o patrocinava, abandonou aquele artista intransigente em favor de compositores mais triviais, a visão que Constanze tinha de seu talento ficou abalada, sem dúvida, como também sua visão da pessoa. A pobreza cada vez maior da família, correspondendo ao apreço público cada vez menor pela música de Mozart, no final de sua vida, deve ter esfriado ainda mais os sentimentos de Constanze, os quais nunca foram dos mais profundos. Assim, os dois fatores que privaram de sentido a vida de Mozart — a perda do reconhecimento do público e o arrefecimento do afeto da esposa — ligavam-se entre si. Eram duas camadas inseparáveis, interdependentes, no sentimento de vazio que o dominou em seus últimos anos.

Por outro lado, Mozart era uma pessoa que sentia uma insaciável necessidade de amor, tanto físico como emocional. Um dos segredos de sua vida era provavelmente a sensação que tinha, desde a mais tenra idade, de que ninguém o amava. Talvez muito de sua música tenha sido uma procura constante de afeto, a busca de estima por parte de um homem que, desde a infância, nunca esteve seguro de merecer o amor daqueles que significavam tanto para ele e que, em alguns aspectos, sentiu pouco amor por si mesmo. Embora a palavra "tragédia" soe aqui um tanto banal e grandiosa, pode-se afirmar, com alguma justiça, que o lado trágico da existência de Mozart deve-se ao fato de que ele, desde jovem, em sua luta por conseguir o amor das pessoas, não se sentiu amado por ninguém, nem mesmo por si próprio. Sem dúvida alguma, é o tipo de carência do qual se pode morrer. Tudo indica que no fim Mozart vivia em estado de solidão e desespero. Sabia que morreria em breve; em seu caso isto provavelmente significava que desejou morrer, e que, de certa maneira, escreveu o *Réquiem* para si mesmo.

Até que ponto são fidedignos os retratos que temos de Mozart, especialmente do jovem Mozart, é uma questão ainda em aberto. Mas um dos traços que o tornam mais atraente, ou, se preferirem, mais humano, é que ele não tinha um desses semblantes heroicos, como as bem conhecidas fisionomias de Goethe ou de

Beethoven, que os marcavam como homens de gênio, fosse quando entravam num recinto, ou quando punham o pé na rua. O rosto de Mozart nada tinha de heroico. O nariz proeminente, carnudo, que parecia inclinar-se em busca do queixo levemente erguido para cima, perdeu algo de suas grandes dimensões à medida que o rosto engordou. Por cima do nariz, vigiavam olhos muito alertas e vivazes, ao mesmo tempo maliciosos e sonhadores — ainda um pouco tímidos no jovem de 24 anos que aparece no retrato de família feito por Johann Nepomuk della Croce;[3] mais seguros, porém ainda com o ar sonhador e maroto, em retratos posteriores. Os quadros pouco mostram um lado de Mozart que escapa à observação na seleção de obras ditadas pelo gosto do público de concerto, mas que merece menção para dar vida a Mozart como homem. É o bufão que nele havia, o palhaço que saltava sobre cadeiras e mesas, que dava cambalhotas e brincava com as palavras e, evidente, com os sons. Não podemos entender completamente Mozart se esquecermos que existiam aspectos ocultos em sua personalidade mais bem caracterizados pela afirmação posterior "*Lache, Bajazzo*" (Ria, palhaço), ou pela memória da não amada e enganada Petrushka.

Após sua morte, a esposa afirmou "lamentar" muito por Mozart quando este se viu "logrado".[4] É pouco provável que ela não o tenha "logrado" (se é que a palavra é apropriada) ou que ele o ignorasse — assim como é pouco provável que ele tenha se abstido inteiramente de conduta semelhante com outras mulheres. Mas isto se aplica aos últimos anos, quando as luzes lentamente se apagavam em sua vida, quando a sensação de não ser amado, de ser um fracasso, ou seja, sua tendência depressiva eternamente presente aflorou, impelida pelos reveses profissionais e infortúnios domésticos. Naquele momento, veio à luz a discrepância — tão marcante em Mozart — entre uma vida social cheia de significado quando vista objetivamente, mais precisamente a partir de uma perspectiva do "ele", e a vida cada vez mais sem significado, quando vista da perspectiva do "eu", ou seja, do ponto de vista de seus próprios sentimentos.

---

3 Cf. a reprodução em Hildesheimer, op.cit., após a p.152 [ed. bras.: p.64].
4 Hildesheimer, op.cit., p.244 [ed. bras.: p.201].

A princípio, tudo correu bem por vários anos. A estrita disciplina imposta por seu pai deu frutos. Converteu-se em autodisciplina, capacitando o jovem a trabalhar, depurando e transformando em música as fantasias que nele fervilhavam, sem que perdessem a espontaneidade ou a inventividade. Seja como for, Mozart teve de pagar caro pelas vantagens alcançadas graças a seu talento em consumar suas fantasias pessoais.

Para se compreender alguém, é preciso conhecer os anseios primordiais que este deseja satisfazer. A vida faz sentido ou não para as pessoas, dependendo da medida em que elas conseguem realizar tais aspirações. Mas os anseios não estão definidos antes de todas as experiências. Desde os primeiros anos de vida, os desejos vão evoluindo, através do convívio com outras pessoas, e vão sendo definidos, gradualmente, ao longo dos anos, na forma determinada pelo curso da vida; algumas vezes, porém, isto ocorre de repente, associado a uma experiência especialmente grave. Sem dúvida alguma, é comum não se ter consciência do papel dominante e determinante destes desejos. E nem sempre cabe à pessoa decidir se seus desejos serão satisfeitos, ou até que ponto o serão, já que eles sempre estão dirigidos para outros, para o meio social. Quase todos têm desejos claros, passíveis de ser satisfeitos; quase todos têm alguns desejos mais profundos impossíveis de ser satisfeitos, pelo menos no presente estágio de conhecimento.

No caso de Mozart, também estes últimos desejos podem ser percebidos, e são responsáveis, em grande medida, pelo curso trágico de sua vida. Há termos técnicos estereotipados que denotam os aspectos de seu caráter a que se alude com esta afirmação. Poderíamos falar, por exemplo, de uma estrutura de personalidade maníaco-depressiva com características paranoides; suas tendências depressivas teriam sido controladas, por algum tempo, pela capacidade de transformar sonhos diurnos musicais de um modo orientado pela realidade e pelo sucesso dela resultante. Porém, depois, as tendências autodestrutivas, particularmente as que lutavam contra o sucesso no amor e na vida social, passaram a dominar. Sem dúvida, a forma especial que tais tendências assumem no caso de Mozart sugere que talvez seja necessária uma classificação um pouco diferente.

Ao que parece, Mozart, embora orgulhoso de si e de seus dons, não tinha, no fundo do coração, nenhum amor por si mesmo; e pode-se muito bem imaginar que ele não se achava particularmente digno de amor. Não era de aparência atraente. À primeira vista, seu rosto era pouco sedutor; é possível que desejasse um rosto diferente quando se olhava no espelho. O círculo vicioso inerente a tal situação ocorre quando o rosto e o físico da pessoa estão distantes de seus desejos e despertam desprazer, em parte porque algo de seus sentimentos de culpa, de sua secreta aversão por si mesma, neles se expressa. Quaisquer que tenham sido as razões, nos anos finais, quando sua aparência estava se deteriorando, seu sentimento de não ser amado claramente aparecia com mais força, junto com um desejo igualmente forte e não satisfeito de ser amado, em vários planos — pela mulher, por outras mulheres, por outras pessoas em geral, ou seja, ser amado como homem e como músico. Sua imensa capacidade de sonhar em estruturas sonoras estava a serviço deste secreto anseio de amor e afeto.

Claro, este sonho em padrões sonoros era também um fim em si mesmo. A rica abundância de sua imaginação musical diluiu por algum tempo, ao que parece, sua amargura em relação à falta ou à perda de amor. Pode ter refreado a constante suspeita de que o amor da mulher tivesse migrado para outros homens, e seu atormentado sentimento de não ser totalmente digno do amor dos outros — um sentimento que concorreu para que os outros afastassem dele seu amor e afeto, e contribuiu para a breve duração de seu grande sucesso, que logo se desvaneceu como uma quimera.

A tragédia de Bajazzo é apenas uma imagem. Mas ajuda a esclarecer a conexão entre o Mozart bufão e o grande artista, entre a eterna criança e o homem criativo, entre a paspalhice de Papageno e a profunda seriedade do desejo de morte de Pamina. Um homem pode ser um grande artista, o que não o impede de ter algo de palhaço. O fato de ser realmente um vencedor, e de representar um inegável benefício para a humanidade, não impede que se veja como um perdedor, e portanto que se condene a ser um perdedor na realidade.

A tragédia de Mozart, que em parte foi deste tipo, fica facilmente oculta dos ouvintes pelo caráter sedutor de sua música. Isto prejudica nosso envolvimento com ele. Não pode ser muito correto separar desta maneira o artista do homem, retrospectivamente. Deve ser difícil, afinal de contas, amar a arte de Mozart sem sentir um pouco de amor pelo homem que a criou.

Músicos burgueses na sociedade de corte

Mozart só emerge claramente como um ser humano quando seus desejos são considerados no contexto de seu tempo. Sua vida é um estudo de caso de uma situação cuja peculiaridade muitas vezes nos escapa, já que estamos acostumados a operar com conceitos estáticos. Mozart era um representante musical do rococó ou do século XIX burguês? Sua obra foi a última manifestação de uma música pré-romântica "objetiva", ou ela já mostra sinais do "subjetivismo" que despontava?

O problema é que tais categorias não nos levam muito longe. São abstrações acadêmicas, que não fazem justiça ao caráter-processo dos dados sociais observáveis a que se referem. Subjacente a elas está a ideia de que a metódica divisão em épocas, que normalmente encontramos nos livros de história, se adapta perfeitamente ao curso real do desenvolvimento social. Cada figura conhecida pela magnitude de sua realização é definida, então, como o ponto alto de uma época ou outra. No entanto, após um exame mais acurado, não é raro que as realizações notáveis ocorram mais frequentemente em épocas que poderiam, no máximo, ser chamadas de fases de transição, caso usemos o conceito estático de "épocas". Em outras palavras, tais realizações surgem da dinâmica do conflito entre os padrões de classes mais antigas, em decadência, e os de outras, mais novas, em ascensão.

Isto certamente vale para o caso de Mozart. O alvo de seus desejos, e as razões pelas quais — contrariamente ao julgamento da posteridade — no final da vida ele se sentiu um fracasso, não podem ser entendidos adequadamente se não for considerado este conflito de padrões. O conflito não acontecia apenas no campo social mais amplo, entre os valores e ideais das classes aristocráticas da corte e os dos estratos burgueses; as coisas não eram tão simples. Ocorria também no interior de muitos indivíduos, inclusive do próprio Mozart, como um conflito que perpassava toda a sua existência social.

A vida de Mozart ilustra nitidamente a situação de grupos burgueses *outsiders* numa economia dominada pela aristocracia de corte, num tempo em que o equilíbrio de forças ainda era muito favorável ao *establishment* cortesão, mas não a ponto de suprimir todas as expressões de protesto, ainda que apenas na arena, politicamente menos perigosa, da cultura. Como um burguês *outsider* a serviço da corte, Mozart lutou com uma coragem espantosa para se libertar dos aristocratas, seus patronos e senhores. Fez isto com seus próprios recursos, em prol de sua dignidade pessoal e de sua obra musical. E perdeu a batalha — como, pode se afirmar com a presunção da visão *a posteriori*, era de se esperar. No entanto, aqui, como em outros casos, tal presunção esconde a estrutura do que agora chamamos de "história". Também impede nossa compreensão do significado que, num tempo passado, o curso dos eventos tinha para os próprios seres humanos que os viviam.

Num contexto diferente, já falei sobre a estrutura do conflito de padrões entre a corte e os grupos burgueses.[5] Tentei demonstrar que na segunda metade do século XVIII conceitos como "civilidade" ou "civilização", por um lado, e "cultura", por outro, eram usados na Alemanha como símbolos de padrões diferentes de comportamento e de sentimento. Foi possível mostrar que o uso de tais palavras refletia a tensão crônica entre os círculos do *establishment* cortesão e os grupos burgueses *outsiders*. Isto também chamou a atenção para certos aspectos das implacáveis lutas de classe entre as classes médias e a aristocracia (que remontam às origens das cidades medievais da Europa). Assim como a estrutura das sociedades europeias, o caráter social dos dois grupos mudou de maneira específica em seus sete ou oito séculos de luta — uma luta que finalmente chegou ao fim no século XX com a ascensão das duas classes econômicas e a desfuncionalização da nobreza enquanto estrato social. Em toda

5 Norbert Elias, *State Formation and Civilization*, Oxford, 1982, Cap.1 [ed. bras.: *O processo civilizador — Formação do Estado e Civilização*. Rio de Janeiro: Zahar, 1993].

esta longa luta de classes podem se observar conflitos entre padrões diferentes, bem como uma aproximação e uma fusão entre os padrões dos grupos burgueses e nobres. Foi o solo em que se desenvolveu o absolutismo aristocrático,[6] do mesmo modo que o absolutismo burguês e proletário de nossos dias surgiu das lutas entre estes dois estratos econômicos.

Mas até agora não nos falta apenas um estudo global sobre o curso e a estrutura do longo conflito de classes entre a nobreza e a burguesia nas sociedades europeias (e outras); faltam-nos, também, estudos sobre muitos aspectos individuais das tensões sociais que aqui nos interessam. A vida de Mozart ilustra um destes aspectos de maneira verdadeiramente paradigmática — o destino de um burguês a serviço da corte no final do período, quando, em quase toda a Europa, o gosto da nobreza de corte estabelecia o padrão para os artistas de todas as origens sociais, acompanhando a distribuição geral de poder. Isto se aplicava especialmente à música e à arquitetura.

Nos campos da literatura e da filosofia era possível, na Alemanha da segunda metade do século XVIII, liberar-se do padrão de gosto aristocrático-cortesão. As pessoas que trabalhavam em tais setores podiam chegar ao seu público através dos livros; e, como já havia um público leitor bastante grande e crescente em meio à burguesia alemã desse período, ali puderam surgir, relativamente cedo, formas culturais específicas de cada classe. Tais formas satisfaziam os padrões de gosto dos grupos burgueses, não cortesãos, e expressavam sua crescente confiança face ao *establishment* aristocrático dominante.

Com respeito à música, a situação ainda era muito diferente naquela época — especialmente na Áustria e em sua capital, Viena, sede da corte imperial, como, em geral, também nos pequenos países alemães. Tanto na Alemanha como na França as pessoas que trabalhavam neste campo ainda eram fortemente dependentes do favor, do patronato e, portanto, do gosto da corte e dos círculos aristocráticos (e do patriciado burguês urbano, que seguia seu exemplo). Na verdade, mesmo na geração de Mozart, um músico que desejasse ser socialmente reconhecido como artista sério e, ao mesmo tempo, quisesse manter a si e à

---

6 Cf. Norbert Elias, Oxford: *The Court Society*, 1983.

sua família, tinha de conseguir um posto na rede das instituições da corte ou em suas ramificações. Não tinha escolha. Se sentisse uma vocação que o levasse a realizações notáveis, quer como instrumentista, quer como compositor, era praticamente certo que só poderia alcançar sua meta caso conseguisse um cargo permanente numa corte, de preferência uma corte rica e esplêndida. Nos países protestantes havia também a oportunidade de ocupar a posição de organista de igreja e regente em uma das cidades grandes e semiautônomas, normalmente governadas por um grupo de patrícios. Mas mesmo aí, como podemos ver pela vida de Telemann, por exemplo, ao procurar um posto de músico profissional era vantajoso já ter ocupado anteriormente um cargo similar numa corte.

O que chamamos de corte principesca era, essencialmente, o palácio do príncipe. Os músicos eram tão indispensáveis nestes grandes palácios quanto os pasteleiros, os cozinheiros e os criados, e normalmente tinham o mesmo *status* na hierarquia da corte. Eles eram o que se chamava, um tanto pejorativamente, de criados de libré. A maior parte dos músicos, sem dúvida, ficava satisfeita quando tinha garantida a subsistência, como as outras pessoas de classe média na corte. Entre os que não se satisfaziam estava o pai de Mozart. Mas ele também se curvou, sem querer, a circunstâncias a que não podia escapar.

Esta era a estrutura fixa em cujo interior cada talento musical individual tinha de se manifestar. Não é possível compreender a música daquela época, seu "estilo", como muitas vezes se diz, sem ter em mente, de maneira clara, tal estrutura. Mais tarde voltaremos a isto.

O destino individual de Mozart, sua sina como ser humano único e portanto como artista único, foi muito influenciado por sua situação social, pela dependência do músico de sua época com relação à aristocracia da corte. Aqui podemos ver como, a não ser que se domine o ofício de sociólogo, é difícil elucidar os problemas que os indivíduos encontram em suas vidas, não importa quão incomparáveis sejam a personalidade ou realizações individuais — como os biógrafos, por exemplo, tentam fazer.[7] É preciso ser capaz de traçar um quadro claro das pressões

---

7 A sociologia normalmente é tida como uma disciplina destrutiva e redutora. Não partilho desta visão. Para mim, a sociologia é uma ciência que deveria

sociais que agem sobre o indivíduo. Tal estudo não é uma narrativa histórica, mas a elaboração de um modelo teórico verificável da configuração que uma pessoa — neste caso, um artista do século XVIII — formava, em sua interdependência com outras figuras sociais da época.

Em 1777, aos 21 anos, Mozart pediu dispensa a seu empregador, o príncipe-bispo de Salzburgo (depois de lhe ter sido recusado um pedido de férias); partiu, então, animado, feliz, cheio de esperanças, para tentar um posto, primeiro na corte de Munique, depois com os patrícios de Augsburgo, em Mannheim e em Paris, onde esperou em vão — um homem cada vez mais amargo — nas antecâmaras de damas influentes e de fidalgos; finalmente retornou, desapontado e contra a vontade, a Salzburgo, onde foi nomeado regente da orquestra e organista da corte — tudo isso é bastante conhecido. Mas o significado de tal experiência para o desenvolvimento pessoal de Mozart — e portanto para seu desenvolvimento como músico ou, colocando de maneira diferente, para o desenvolvimento de sua música — não pode ser percebido de maneira realista e convincente caso se descreva apenas o destino da pessoa individual, sem apresentar também um modelo das estruturas sociais da época, especialmente quando levam a diferenças de poder. Só dentro da estrutura de tal modelo é que se pode discernir o que uma pessoa como Mozart, envolvida por tal sociedade, era capaz de fazer enquanto indivíduo, e o que — não importa sua força, grandeza ou singularidade — não era capaz de fazer. Só então, em suma, é possível entender as coerções inevitáveis que agiam sobre Mozart e como ele se comportou em relação a elas — se cedeu à sua pressão e foi assim influenciado em sua produção musical, ou se tentou escapar ou mesmo se opor a elas.

Não é a menor das razões para sua tragédia o fato de Mozart haver tentado, pessoalmente e em sua obra, romper as barreiras

---

nos ajudar a entender melhor, e explicar, o que é incompreensível em nossa vida social. É por isso que escolhi o subtítulo aparentemente paradoxal "A sociologia de um gênio". Não é meu propósito destruir o gênio ou reduzi-lo a outra coisa qualquer, mas tornar sua situação humana mais fácil de entender, e talvez ajudar, de maneira modesta, a responder à pergunta do que se deveria ter feito para evitar que acontecesse um destino como o de Mozart. Ao apresentar sua tragédia como tento fazer — e é apenas um exemplo de um problema mais geral —, pode ser que as pessoas se tornem mais conscientes da necessidade de se comportar com maior respeito em relação aos inovadores.

da estrutura social de poder através de seus próprios esforços individuais, enquanto ainda estava fortemente atado ao gosto de sua sociedade através de sua imaginação e consciência musicais — e o fato de tê-lo feito numa fase do desenvolvimento social em que a estrutura tradicional de poder estava virtualmente intacta.

A maior parte das pessoas que seguia uma carreira musical era de origem não nobre, ou, em nossa terminologia, burguesa. Se quisessem ter êxito na sociedade de corte, e encontrar oportunidades para desenvolver seus talentos como músicos ou compositores, eram obrigadas, por sua posição inferior, a adotar os padrões cortesãos de comportamento e de sentimento, não apenas no gosto musical, mas no vestuário e em toda a sua caracterização enquanto pessoas. Em nossos dias, tal necessidade de adaptar-se às demandas do *establishment*, seguindo a distribuição de poder, é mais ou menos dada como óbvia pelas pessoas socialmente dependentes. Os empregados de uma grande empresa ou loja de departamentos, especialmente quando querem ser promovidos, logo aprendem a ajustar seu comportamento ao padrão da empresa. Mas em sociedades onde há um mercado razoavelmente livre de oferta e demanda e mesmo, em algumas áreas, de empregos para profissionais, a diferença de poder entre o *establishment* econômico e os *outsiders* é muito menor do que a existente entre governantes absolutistas ou seus conselheiros e os músicos de sua corte — muito embora os artistas famosos e *à la mode* pudessem tomar certas liberdades. O célebre Gluck, um homem de origem pequeno-burguesa que absorveu as sutilezas dos padrões dominantes com grande *verve* tanto no gosto musical como no comportamento pessoal, conseguia, como qualquer outro cortesão, fugir disso, sendo, às vezes, até grosseiro. Havia, portanto, não apenas uma nobreza de corte, mas uma burguesia de corte.

Até certo ponto o pai de Mozart pertencia a esta classe. Ele era empregado, ou, mais precisamente, funcionário do arcebispo de Salzburgo, que era, naturalmente, o príncipe governante de um pequeno Estado. Como todos os governantes do tipo, o arcebispo tinha, mesmo que em escala reduzida, todo o aparato oficial que era parte e obrigação de uma corte absolutista, inclusive uma orquestra. Leopold Mozart era regente substituto. Tais cargos eram ocupados e pagos de maneira semelhante à dos empregados numa empresa privada do século XIX. Os sinais de subordinação que se esperavam de um empregado da corte eram provavelmente ainda mais evidentes, dada a maior diferença de poder, assim como os gestos de superioridade por parte dos governantes, tidos por naturais.[8]

Talvez se deva acrescentar que as relações entre senhores e serviçais — até os de nível médio, como Leopold Mozart — eram muito mais pessoais, mesmo na corte imperial de Viena e certamente na pequena corte do arcebispo de Salzburgo, do que as relações entre diretores e gerentes de uma grande empresa comercial de nossos dias. Em geral, os próprios príncipes decidiam as nomeações para suas orquestras. A distância social era imensa, mas a distância espacial, muito pequena. As pessoas estavam sempre juntas, o senhor estava sempre por ali.

Embora a situação social comum de um músico no tempo de Mozart fosse a de serviçal da corte, onde recebia ordens de um indivíduo todo-poderoso situado muito acima na hierarquia, havia, mesmo assim, exceções no interior de tal sociedade. Certos músicos agradavam tanto ao público da corte por seu talento especial como virtuose ou como compositor, que sua fama se espraiava para além da corte local onde estavam empregados, chegando aos mais altos níveis da sociedade. Em tais casos, o músico burguês era tratado quase como igual pelos nobres da corte. Era chamado para tocar nas cortes dos poderosos, como aconteceu com Mozart; imperadores e reis exprimiam abertamente prazer com sua arte e admiração por suas realizações. Tinha permissão para jantar à mesma mesa — normalmente em troca de uma execução ao piano; muitas vezes se hospedava em seus palácios quando viajava e assim conhecia intimamente seu estilo de vida e seu gosto.

Era característico do grande artista burguês de corte viver, até certo ponto, em dois mundos. Toda a vida e a obra de Mozart

---

8 Por razões semelhantes, os deveres eram menos especializados. Bach, quando foi nomeado organista da corte de Weimar, do muito piedoso duque Willhelm-Ernst, era obrigado a vestir um uniforme da guarda aduaneira e tocar flauta na pequena orquestra de câmara.

foram marcadas por esta cisão.[9] Por um lado, ele se movia em círculos da aristocracia de corte, cujo gosto musical adotou e cujo padrão de comportamento deveria seguir. Por outro, ele representava um tipo específico daquilo que somos obrigados a designar através de um termo extremamente precário, a "pequena burguesia" de sua época. Ele era membro do círculo dos empregados de nível médio, o que poderia ser chamado do mundo "de escada abaixo".[10] Na Inglaterra, o padrão dominante de comportamento e de sentimento era, em grande parte e de modo característico, transferido para o pessoal empregado da casa aristocrática (poucos podem rivalizar-se ao mordomo inglês de tipo antigo quanto aos conhecimentos sobre o comportamento padrão dos cavalheiros, a não ser os porteiros dos hotéis internacionais). Não era o que acontecia, até onde podemos ver, na Áustria dos Habsburgo. O padrão de comportamento normal entre os conhecidos dos pais de Mozart diferia muito intensamente, como veremos adiante em detalhes, dos padrões da corte aristocrática.

Leopold Mozart, serviçal de príncipes e burguês de corte, não apenas educou musicalmente o jovem Wolfgang nos termos do gosto cortesão, como também buscou conformar seu comportamento e sentimentos ao padrão da corte. No que se refere à tradição musical, foi muito bem-sucedido. Mas, quanto ao comportamento e aos sentimentos, sua tentativa de fazer dele um homem do mundo fracassou lamentavelmente. Tentou ensinarlhe a arte da diplomacia de corte, a bajulação através dos circunlóquios adequados, e conseguiu o oposto. Wolfgang Mo-

---

9 A cisão certamente não é uma característica apenas de Mozart; tanto ela como sua influência sobre a caracterização pessoal se encontram em outros artistas e intelectuais burgueses na sociedade de corte. Um exemplo bem conhecido aconteceu quando Voltaire desafiou um nobre bem-nascido para um duelo, por se sentir insultado, e o nobre mandou um de seus lacaios dar-lhe uma surra na rua, como sinal de que encarava como uma arrogância o desafio por um burguês. O fato de que pessoas da classe burguesa dotadas de um especial talento intelectual ou artístico fossem recebidas quase como iguais em alguns *salons* de Paris e por alguns nobres italianos ou alemães pode fazer-nos facilmente esquecer que, por todo o século XVIII, e em vastas áreas da Europa até 1918, os burgueses eram tidos e tratados pelos governantes como cidadãos de segunda classe, como pessoas de camadas inferiores.

10 Este mundo "do rés do chão" é, sabemos, assunto de muitas comédias inglesas e de muitas piadas.

zart continuou tendo um comportamento totalmente franco e direto; assim como mostrava uma imensa espontaneidade de sentimento em sua música, era extraordinariamente rude em sua conduta pessoal. Não conseguia esconder o que sentia, nem mostrá-lo de forma insinuante, e detestava qualquer forma de relação humana que o forçasse a usar de circunlóquios e eufemismos, a fazer rodeios. Embora tivesse crescido à margem de uma pequena corte e mais tarde tivesse viajado de uma corte para outra, jamais adquiriu a polidez especial do cortesão; nunca se tornou um homem do mundo, um *homme du monde*, um cavalheiro, no sentido que tinha esse termo no século XVIII. A despeito dos esforços do pai, manteve por toda a vida a caracterização de um burguês de classe média.

Sua atitude comportava fissuras internas. Tinha consciência da superioridade que a polidez cortesã conferia, e é impossível que não tenha sentido o desejo de provar que era um cavalheiro, um *honnête homme*, um homem de honra. Refere-se com muita frequência à sua "honra" — este conceito central do padrão aristocrático foi absorvido na autoimagem de Mozart. É verdade que ele não o usava exatamente no sentido do modelo cortesão; queria, com isso, expressar seu desejo de ser tido como igual pelas pessoas da corte. E, como tinha algo de ator, naturalmente tentava representar o papel do cortesão. Desde cedo aprendeu a se vestir à maneira da corte — peruca inclusive — e sem dúvida também aprendeu a maneira certa de andar e de devolver um cumprimento. Mas pode-se imaginar que o gozador que havia nele logo começou a debochar dos ares e das afetações da corte.

Muito já se escreveu sobre o papel que o ressentimento de Mozart com respeito à nobreza da corte teve em sua música. Mas nada de confiável se pode dizer sem que se investigue como Mozart via a si mesmo em relação à classe dominante de seu tempo.

Sua situação era muito peculiar. Embora fosse um subordinado, socialmente dependente dos aristocratas da corte, a clara noção que tinha de seu extraordinário talento musical levava-o a se sentir igual, ou mesmo superior a eles. Era, numa palavra, um "gênio", um ser humano excepcionalmente dotado, nascido numa sociedade que ainda não conhecia o conceito romântico de gênio, e cujo padrão social não permitia que em seu meio houvesse qualquer lugar legítimo para um artista de gênio altamente individualizado. Pode-se imaginar agora: o que isto significou para Mozart e para seu desenvolvimento em termos humanos? Claro, podemos apenas formular hipóteses; faltam as evidências (embora não inteiramente). Mas basta ter em conta esta estranha situação, de certa maneira única, para chegar a uma chave vital na compreensão de Mozart. Sem tal reconstrução, sem uma noção da estrutura de sua situação social — um gênio antes da época dos gênios —, nosso acesso a ele fica bloqueado.

A reação do próprio Mozart a esta situação era multifacetada. Conceitos em preto e branco, como "amizade" ou "inimizade", são inadequados aos conflitos e tensões que aqui nos interessam. Mozart viveu a ambivalência fundamental do artista burguês na sociedade de corte, que pode ser resumida na seguinte dicotomia: identificação com a nobreza da corte e seu gosto; ressentimento pela humilhação que ela lhe impunha.

Comecemos pelo aspecto mais óbvio: sua crescente animosidade contra os aristocratas da corte, que o tratavam como inferior. Pode ser que este tenha sido um fenômeno de gestação longa. O prodígio de origem relativamente humilde não poderia ter sido completamente poupado de algo que naquele tempo ocorria com naturalidade à maioria dos nobres da corte, como parte de seu repertório social: o tratamento condescendente, a humilhação do burguês.

O desagrado de Mozart com o tratamento altaneiro que lhe era conferido pelos nobres da corte aparece muito claramente nas cartas de seu período parisiense. Ele era obrigado a visitá-los e a fazer o máximo para obter seus favores, pois estava procurando emprego e precisava da recomendação deles. Se nesta viagem ele não conseguisse uma posição, teria de voltar a Salzburgo, à família, ao pai — que tinha dado a maior parte do dinheiro para a viagem — e possivelmente ao príncipe-arcebispo que ditava o tipo de música que ele devia escrever e tocar. As condições em Salzburgo eram como uma prisão para ele. Por isso, em Paris era obrigado a fazer visitas cerimoniosas a senhoras e cavalheiros importantes, que o tratavam como ele era na realidade, um serviçal — se bem que não exatamente no mesmo tom em que tratavam seus cocheiros. Afinal de contas, escrevia boa música. Mas Mozart sabia que a maioria, se não todos aqueles a que queria agradar, tinha apenas uma remotíssima noção de sua música, e nenhum reconhecia seu excepcional talento. Pode-se imaginar que se conscientizou de seu talento à época de seus sucessos como menino prodígio. A consciência da extraordinária natureza de sua imaginação musical deve ter se formado gradualmente, com muitas dúvidas. E agora ele, que a seus próprios olhos nunca deixou de ser um prodígio, precisava ir de uma corte a outra implorando por um posto. É provável que não tivesse previsto tal coisa. Suas cartas refletem um pouco deste desapontamento — e constrangimento.

Depois de Paris, parece ter tido cada vez mais a impressão de que não era apenas esta ou aquela corte aristocrática que o irritava e humilhava, mas que todo o mundo social em que vivia estava, de alguma maneira, errado. Isto não deve ser mal interpretado. Até onde sabemos, Mozart não tinha interesse pelos ideais políticos ou humanitários gerais, mais abstratos. Seu protesto social expressava-se, no máximo, em comentários como: "Você sabe muito bem que os melhores e mais verdadeiros amigos são os pobres. A riqueza não sabe o que significa amizade."[11] Achava injusto o tratamento que recebia, irritou-se e lutou contra ele à sua maneira. Mas foi sempre uma luta muito pessoal. E esta não foi a menor das razões pelas quais deveria ser derrotado.

Acrescente-se, como já foi dito, sua falta de elegância descontraída, da finura e da destreza necessárias em escaramuças verbais, nos círculos cortesãos, para saber navegar ao largo dos recifes ocultos e dos abismos até o objetivo desejado. É difícil saber se ele não queria ou não conseguia assimilar o padrão de sentimento e de comportamento cortesão, tão necessário quanto suas qualificações musicais para ser bem-sucedido na procura de uma colocação. Talvez as duas coisas, falta de vontade e incapacidade, andassem juntas. Seja como for, vemos aí os

11 Cf. Hildesheimer, op.cit., p.89 [ed. bras.: p.78]. A citação é de uma carta de 7 de agosto de 1778: *The Letters of Mozart and his Family* (organizadas cronologicamente, traduzidas e organizadas por Emily Anderson), Londres, 1985, p.593. (A partir de agora, referidas como *LMF*; as citações de cartas são tiradas desta fonte. Referências à correspondência de Mozart sem citação são de: *Mozart, Briefe und Aufzeichnungen*, edição completa, reunida e anotada por Wilhelm A. Bauer e Otto Erich Deutsch [e Joseph Heinz Eibl], 7 vols., Kassel/Basle/Londres/Nova York 1962-75). Apenas o volume e as páginas são apresentados nas notas.

sintomas de um conflito de padrões que se travava tanto em seu interior quanto entre ele e as demais pessoas. Mozart gostava de se vestir elegantemente, à moda da corte. Mas não tinha nenhuma aptidão especial para aquelas habilidades que teriam conquistado as pessoas acima dele naqueles círculos, e das quais dependia muito, para ter satisfeitos seus pedidos. E faltava-lhe quase por inteiro aquele conhecimento específico das pessoas, que permitia aos cortesãos identificar imediatamente os que, por seus critérios, pertenciam ou não a seu círculo, e a ajustar em função disso seu comportamento em relação a eles.

Mozart procurando emprego em Paris é o tipo de episódio de que não se esquece facilmente. Ficou irritado e magoado com o tratamento que recebeu e realmente não tinha a menor ideia do que estava acontecendo. Sua solitária revolução, sua tentativa de sair daquela situação em que dependia de um aristocrata seu superior, com direito de controlar sua música, lentamente começava a tomar forma.

De qualquer modo, essa camada de sua revolta pessoal estava clara e indissoluvelmente ligada a outra, a revolta contra o pai. Leopold Mozart tinha educado o filho para a carreira de músico numa sociedade de corte. Lembremos que, do ponto de vista sociológico, seu comportamento se encontrava bastante próximo da antiga tradição dos ofícios artesanais.[12] No interior de tal estrutura era comum o pai assumir o papel de mestre e ensinar ao filho as artes do ofício, talvez até mesmo desejando que algum dia o filho excedesse sua própria perícia. Sem dúvida teremos um quadro mais completo e bem-acabado da peculiaridade da tradição musical dos séculos XVII e XVIII — na corte e na igreja — se tivermos em mente que a música ainda mantinha muito do caráter de ofício, e que, especialmente nos círculos cortesãos, ela era marcada por uma agudíssima desigualdade social entre produtor da arte e patrono.

Leopold Mozart ainda tinha raízes muito firmes em tal tradição. Criou o filho de acordo com este padrão. Era parte dele uma

12 Tal tradição explica por que famílias de artistas como os Mozart, ou os Bach são tão comuns na Alemanha.

posição social como músico de corte. O total fracasso da dispendiosa tentativa do filho em busca de um cargo em lugares como Paris constituiu um amargo desapontamento para ele. Conseguiu persuadir o príncipe-arcebispo de Salzburgo a receber de volta o fracassado fujão, como regente da orquestra e organista da corte, em reconhecimento a seus brilhantes dotes. Assim, no início de 1779, Wolfgang Mozart estava de volta à cidade natal, sob a supervisão direta do pai e sob as ordens de seu antigo senhor, que era também o senhor de Leopold Mozart. Nesta segunda fase de Salzburgo, Mozart escreveu o que seria a última de suas óperas ao estilo cortesão tradicional, *Idomeneo,* uma *opera seria,* cujo libreto, de acordo com os padrões da corte absolutista, louvava adequadamente o príncipe por sua gentileza e generosidade.

Em 1781, poucos meses após a primeira apresentação de *Idomeneo,* Mozart rompeu com o príncipe-arcebispo; com a maior dificuldade obteve sua dispensa através do expediente do famoso "chute no traseiro". Foi o clímax de sua revolta pessoal contra a imposição de um papel subordinado, como serviçal de um senhor absoluto.

O pai de Mozart ainda era, de maneira mais ou menos segura, um burguês da corte. Como construção social, uma corte principesca tinha uma forma estritamente hierárquica, a de uma pirâmide aguda. Leopold Mozart se encaixava nesta estrutura, não sem problemas, não sem a vulnerabilidade do *outsider.* Mas sobre ele o poder da configuração era inescapável. Conhecia seu lugar, dedicava-se a ele de corpo e alma e esperava o mesmo do filho. Esperava grandes realizações de Wolfgang — de preferência numa corte maior do que Salzburgo, talvez a corte bávara de Munique, ou mesmo Paris; tais eram as ambições do pai. O filho não as satisfez. Seu fracasso nas cortes alemãs ou com os patrícios de Augsburgo não era, de todo, irremediável. Mas agora Wolfgang Mozart pedia demissão a seu empregador de Salzburgo. Do ponto de vista do pai, era um passo incompreensível; o filho estava prejudicando gravemente sua carreira, suas perspectivas como músico de corte. De que iria viver?

Como se vê, a revolta do filho era dirigida igualmente contra o pai, o burguês de corte, e contra o arcebispo, o governante da aristocracia da corte.

Mais uma vez, com aquela pretensão de quem vive numa época posterior, podemos dizer retrospectivamente que, dentro da estrutura existente da sociedade austríaca em geral e da profissão de músico em particular, a revolta pessoal de Mozart tinha poucas possibilidades de alcançar o fim desejado. Mas o que teríamos perdido se ele não tivesse tentado! Pois é inconcebível pensar que o rompimento de uma das figuras mais conhecidas do mundo musical de seu tempo com as condições normais de serviço, com o esquema socialmente prescrito de sua profissão, não tivesse afetado sua obra como compositor.

Vale a pena observar a escaramuça de Mozart com o arcebispo de Salzburgo de uma distância um pouco maior, num contexto mais amplo. Através deste conflito no microcosmo da corte de Salzburgo veremos então, representados por dois indivíduos, os conflitos maiores no macrocosmo da sociedade da época. Vemos que, no sentido mais amplo, havia um conflito entre um príncipe, um membro da alta nobreza que também era alto dignitário da Igreja, e um membro da pequena burguesia, cujo pai tinha ascendido do *status* de artesão ao de serviçal da corte.

No entanto, a fórmula pré-fabricada sobre a ascensão da burguesia em decorrência de uma necessidade interna do desenvolvimento social na segunda metade do século XVIII, derrotando uma nobreza feudal já solapada pela mudança econômica da Revolução Francesa, tende hoje em dia a ser aplicada de maneira tão mecânica e rotineira que se perde de vista o complexo curso dos acontecimentos reais. Os problemas observáveis dos seres humanos são categorizados por conceitos de classe rebaixados a clichês, como "nobreza", "burguesia", "feudalismo" e "capitalismo". Categorias como estas bloqueiam o acesso a uma maior compreensão do desenvolvimento da música e da arte em geral. Esta só é possível se a discussão não se restringir aos processos econômicos ou aos desenvolvimentos da música, e se, ao mesmo tempo, for feita uma tentativa de iluminar o destino das pessoas que produziam música e outras obras de arte no interior de uma estrutura social em transformação.

Na juventude de Mozart, o poder dos monarcas absolutos e da aristocracia de corte (que algumas vezes é confundida com a nobreza de um estágio diferente do desenvolvimento social, a nobreza feudal da Idade Média) ainda estava completamente intacto. Relativamente intocado pela Revolução Francesa, continuou a existir por toda a vida dele no Império Habsburgo, bem como em muitas regiões da Itália e da Alemanha. Ali, como em outros lugares, o *establishment* cortesão se aferrava a sua posição de grupo social de nível mais elevado, com um domínio que só lentamente foi se esvaindo, até bem adiantado o século XIX e, em alguns casos, como nos grandes impérios europeus, até a guerra de 1914-18. É bem verdade que nos Estados europeus as relações de força mudaram neste período, o mesmo ocorrendo com a posição social dos artistas e o caráter das artes. Mas as mudanças estruturais nas artes no início e em meados do século XIX dificilmente podem ser compreendidas se forem caraterizadas apenas como "burguesas" e se for esquecida a influência das cortes aristocráticas.

O conflito de Mozart com seu empregador, e na verdade a sua vida inteira, mostra de maneira paradigmática como o músico burguês daquela época — mas não o escritor burguês — dependia de um emprego na corte, ou pelo menos junto a um patriciado de corte. Mas na Alemanha (incluindo a Áustria) e na Itália havia uma solução possível para os músicos, uma chance de procurar um outro emprego, para quem não estivesse satisfeito com o que tinha. Essa oportunidade estava ligada à estrutura peculiar de governo em tais territórios (e não à ascensão da burguesia) e foi da maior importância para o desenvolvimento da música nas regiões alemãs e italianas.

As fracassadas tentativas de integração, ao Norte e ao Sul dos Alpes (tanto pelo governo central imperial como pelo papista), dos territórios que sucederam ao Sacro Império Romano deram origem a vários pequenos Estados, de menor nível de integração. Nos países que foram centralizados mais cedo, especialmente França e Inglaterra, havia desde o século XVII uma corte que suplantava todas as outras casas nobres em poder, riqueza e influência cultural. A Alemanha e a Itália, em contraste, estavam fragmentadas em um número quase incalculável de "*establishments*" cortesãos ou urbanos. Para dar um exemplo: na época de Mozart a pequena área que hoje em dia é a Suábia estava dividida em 96 domínios diferentes — 4 príncipes da Igreja, 14 príncipes seculares, 25 senhores de terras, 30 cidades imperiais e 23 prelados.[13] Em muitos desses territórios soberanos, os governantes absolutos mantinham uma organização oficial que incluía, como item essencial de prestígio, uma orquestra permanente e remunerada. Essa multiplicidade constituía o aspecto distintivo da paisagem musical na Alemanha e na Itália.

Na França e na Inglaterra, as posições musicais decisivas estavam concentradas nas capitais, Paris e Londres, em resultado da centralização estatal. Nesses países, portanto, um músico de alto nível não tinha escapatória caso lhe acontecesse uma desavença com o príncipe seu empregador. Não havia cortes que pudessem rivalizar com a do rei em poder, riqueza e prestígio, que pudessem, por exemplo, dar abrigo a um músico francês caído em desgraça. Na Alemanha e na Itália, porém, havia dúzias de cortes e cidades que concorriam pelo prestígio e, portanto, pelos músicos. Não é exagero atribuir, entre outras coisas, a extraordinária produtividade da música de corte nos territórios do primeiro Império Alemão a esta situação — à rivalidade pelo prestígio das muitas cortes e, consequentemente, ao grande número de postos musicais.[14]

A configuração assim exposta constituía a precondição para o número relativamente grande de músicos profissionais que naquela época trabalhavam na Itália e na Alemanha. Era também um fator que fortalecia os músicos em suas negociações com os empregadores. Se um artista empregado na corte francesa renunciasse a seu posto, sua única possibilidade de ganhar a vida seria numa corte fora da França, o que, aos olhos da maioria dos artistas franceses, significava um rebaixamento. Na Itália e na Alemanha, era diferente; conhecemos muitos casos de artistas artesãos que se desentenderam com seu senhor e se transferiram para um território diferente. Quando Michelangelo entrou em conflito com o Papa, foi para Florença e recusou-se a seguir os

---

13 Arthur Hutchings, *Mozart — der Mensch*, Baarn 1976, p.11.

14 A comparação com a Inglaterra, onde, à parte as importações, produziu-se pouca música notável no século XVIII, sugere que a maior produtividade musical nos estados do antigo Sacro Império Romano também esteve ligada a outra peculiaridade estrutural, a relação diferente entre nobreza e burguesia nas duas áreas. Na Alemanha, as barreiras entre as duas classes eram relativamente altas, com poucos pontos de encontro. A subordinação social e política dos burgueses à nobreza, especialmente à nobreza da corte, era muito mais estrita e mais pronunciada do que na Inglaterra.

beleguins papais enviados para trazê-lo de volta. Bach, ao romper com seu empregador, o duque de Weimar, demitiu-se do posto e usou seus contatos para conseguir uma posição em outra corte. O duque, furioso, mandou encarcerá-lo por insubordinação, mas Bach resistiu obstinadamente, conseguindo, por fim, a liberdade.

Neste último episódio, é muito grande a semelhança com o caso de Mozart. Mas tais incidentes não são importantes apenas para os biógrafos ou para o destino do músico envolvido. Eles somente se esclarecem se são compreendidos como característicos das diferenças de estrutura e de poder presentes na sociedade de corte.

Mozart se torna artista autônomo

A decisão de Mozart de largar o emprego em Salzburgo significou, na verdade, o seguinte: ao invés de ser o empregado permanente de um patrono, ele desejava ganhar a vida, daí por diante, como "artista autônomo", vendendo seu talento como músico e suas obras no mercado livre.

Na Alemanha do século XVIII, existia uma espécie de mercado livre para os produtos literários, em conexão com a proliferação de pequenos Estados. Havia formas primitivas de uma indústria editorial, ou seja, empreendimentos comerciais mais ou menos especializados, ligados à impressão, distribuição e venda de obras literárias. Crescia o público burguês instruído e interessado em livros alemães — muitas vezes em deliberado contraste com a nobreza de corte, basicamente interessada, na época, nos escritos franceses. Desta forma, surgiu no século XVIII a figura social do "escritor autônomo" — de modo apenas experimental, pois, como se pode supor, ainda era muito difícil para um profissional manter-se e à sua família com a renda de livros vendidos no mercado, sem a ajuda de algum patrono nobre. A vida de Lessing é um bom exemplo. De qualquer maneira, havia um mercado livre. Existia um público de burgueses instruídos, espalhados por toda a Alemanha, com renda suficiente para comprar livros e desejosos de fazê-lo. O caráter e a forma do movimento literário alemão na segunda metade do século XVIII refletiam esta composição social.

Na esfera da música, esse desenvolvimento encontrava-se relativamente atrasado. A decisão de Mozart de se estabelecer como artista autônomo ocorreu numa época em que a estrutura social ainda não oferecia tal lugar para músicos ilustres. O mercado de música e suas instituições correspondentes estava apenas surgindo. A organização de concertos para um público pagante, e as atividades editoriais na venda de músicas de compositores conhecidos, mediante adiantamentos, se encontravam, na melhor das hipóteses, em seus estágios mais iniciais. Especificamente, faltavam ainda em grande parte as instituições necessárias para que o mercado ultrapassasse o nível local.[15] Na Áustria e em muitos territórios alemães, a grande maioria dos concertos e, acima de tudo, das óperas (principal interesse de Mozart como compositor), era organizada para um público de convidados e financiada por aristocratas da corte (ou patrícios urbanos).[16] É de se duvidar que naquela época outro músico altamente qualificado tenha envidado tais esforços para tornar-se independente do patronato e da posição, segura, de servidor da corte.

Assim, soubesse ou não disto, Mozart estava correndo um risco extraordinário quando rompeu com seu patrono, pondo em jogo sua vida e toda a sua existência social.

Suas ideias quanto ao futuro não eram, provavelmente, muito precisas. A situação em Salzburgo tornara-se insustentável — o lado negativo estava bem claro para ele; para entender sua pessoa e sua situação é importante imaginar como Mozart se sentia. Seu empregador determinava quando e onde deveria fazer um concerto e, muitas vezes, o que compor. Isto não era nada raro. Provavelmente eram esses os termos usuais de um contrato de trabalho. Aceitando as condições de seu ofício, todos os músicos profissionais com empregos permanentes viveram, exatamente como ourives ou pintores, sob restrições que Mozart já não

15 Mozart não fez o arranjo para piano de *O rapto do serralho* com a rapidez suficiente — assim, dois editores se apressaram em oferecê-lo no mercado sem pagar-lhe nem um tostão. Não havia proteção legal. Para cada uma de suas óperas ele provavelmente recebeu apenas um único honorário, embora pudesse ter recebido mais se fosse também o seu regente.

16 O desenvolvimento do concerto musical aconteceu em três estágios bem nítidos: concertos para uma audiência de convidados, depois por subscrição, e finalmente para um público pagante não conhecido. Na época de Mozart ainda não se chegara ao último estágio, pelo menos em Viena. Ele próprio tinha de arcar com os riscos de seus concertos — daí a necessidade de pagamentos adiantados, pois a subscrição mostrava se havia um número suficiente de pessoas interessadas, evitando assim que o evento desse prejuízo.

tolerava. Alguns deles, como Couperin ou Johann Sebastian Bach, tinham produzido grandes obras. É possível que Mozart tenha se desentendido com um empregador particularmente intratável, mas esta não é a questão. O decisivo é que, em seus objetivos e anseios pessoais, em sua concepção do que fazia ou não sentido, ele antecipou as atitudes e os sentimentos de um tipo posterior de artista. Institucionalmente, a situação que prevalecia à sua época ainda era a do artista assalariado, oficial. Mas a estrutura de sua personalidade era a de alguém que desejava, acima de tudo, seguir sua própria imaginação. Em outras palavras, Mozart representava o artista livre que confia acima de tudo em sua inspiração individual, numa época em que a execução e a composição da música mais valorizada pela sociedade repousavam, a bem dizer, exclusivamente nas mãos de músicos artesãos com postos permanentes, seja nas cortes ou nas igrejas das cidades. A distribuição social de poder que se expressava nesse tipo de produção musical estava, de modo geral, intacta.

Apesar de toda a sua despreocupação, Mozart tinha algumas ideias acerca de seu futuro. Suas esperanças se depositavam no que talvez seja melhor descrito como a alta sociedade vienense. Nela, os grupos mais importantes eram as famílias da nobreza de corte, entre os quais tinha conhecidos e amigos. Para começar, queria tentar ganhar a vida dando aulas de música e concertos, sendo convidado a participar destas atividades nas casas de senhoras ou cavalheiros bem situados que as organizariam para ele. Pretendia manter "academias" — concertos cuja renda ia diretamente para o bolso dos músicos — e ainda conseguir subscrições para imprimir as partituras de suas composições. Ele era, como bem sabia, muito popular na sociedade vienense. Alguns membros destes círculos já tinham lhe prometido apoio. Além do mais, gozava de considerável reputação fora de Viena. Mas não há dúvida de que depositou toda a alma no sucesso na capital austríaca.

Por alguns anos este sucesso realmente se materializou. A 3 de março de 1784 Mozart escreveu para o pai dizendo que deveria dar, nas três últimas quartas-feiras da Quaresma, três concertos por subscrição, para os quais já contava com cem assinantes e talvez conseguisse mais trinta. Estava também planejando duas academias — para as quais precisava de "coisas novas". Pela manhã, dava aulas de piano e quase todas as noites tocava em casas nobres.[17] Os assinantes — temos algumas listas — também eram nobres. Mas, a 12 de julho de 1789, menciona ao mercador Michael Puchberg que um novo concerto por assinaturas havia fracassado, já que só tinha um nome na lista: Herr van Sweiten, um conhecido seu.[18] A sociedade vienense tinha se afastado dele, o Imperador à frente.[19]

Podemos reconhecer aqui a peculiaridade do mercado que Mozart tinha à sua disposição. Mesmo como "artista autônomo" ele ainda dependia, como qualquer artista artesão, de um limitado círculo local de clientes. E tratava-se de um círculo bastante fechado, fortemente integrado. Se corresse o rumor de que o imperador não tinha um músico especialmente em conta, a boa sociedade simplesmente o deixava de lado.[20]

Ao considerar a existência de Mozart como "artista autônomo", deparamos novamente com a profunda ambivalência que era característica de sua atitude em relação à aristocracia da corte e que deveria determinar sua vida inteira. Ela se compunha de várias facetas.

Como já foi dito, de alguma maneira Mozart tinha absorvido o padrão de comportamento da classe dominante de sua época. Ao mesmo tempo, sua imaginação musical era formada e impregnada pelo modo tradicional de compor da aristocracia de corte. Muito embora um homem como Beethoven tenha rompido

17 III, p.303 e seg.

18 IV, p.92.

19 O momento crucial provavelmente foi *As bodas de Fígaro*, cujo tema — escolhido pelo próprio Mozart — foi considerado politicamente suspeito, segundo o ponto de vista absolutista. Um nobre anotou em seu diário da época que havia assistido à ópera e tinha *sich ennuyiert* (Hildesheimer, op.cit., p.199). Isto não significa, como está algumas vezes traduzido, que ele tinha se "aborrecido", mas sim que ele tinha se "irritado".

20 Talvez a frustração experimentada por Mozart com esses acontecimentos, sua sensação de desnorteamento, tenha sido ainda mais difícil de suportar porque ele foi um dos primeiros compositores do período moderno, senão o primeiro, cuja imaginação ultrapassou em muito os hábitos de seus ouvintes. O destino do artista abandonado por seu público ainda não podia ser visto como um fenômeno recorrente. Mozart, sem dúvida, deve tê-lo percebido como algo que afetava apenas a ele.

com esta tradição, Mozart nunca o fez. Desenvolveu suas possibilidades individuais de expressar sentimentos na estrutura dos padrões antigos nos quais crescera. E é precisamente porque a ordenação sequencial dos motivos que nele surgiam foi desenvolvida *no interior* do padrão tradicional, que sua música é tão acessível e tem um apelo tão duradouro.

A obra musical mais prezada na escala de valores da sociedade da corte era a ópera. Em conformidade com tal valorização social, compor óperas tinha para Mozart o valor emocional da mais alta realização pessoal. Porém institucionalmente, uma ópera, com a imensa despesa que acarretava, estava atrelada quase exclusivamente às cortes — era diferente de uma peça, por exemplo, que poderia ser encenada por uma companhia ambulante de atores. A ópera era uma forma de entretenimento adequada à aristocracia de corte. Mozart, que decidira ser um artista "livre", tinha em parte abraçado a tradição musical da corte entre seus ideais, como parte integrante de sua própria personalidade.

Idêntica fixação se revelava em sua atitude pessoal com o público — mesmo depois de ter rompido com o arcebispo. Quando Mozart estava a ponto de dar este passo, um membro da corte de Salzburgo advertiu-o, com visão quase profética, de que o favor da sociedade cortesã em Viena era muito volúvel: "Aqui a fama de uma pessoa não dura muito", disse ele, "depois de alguns meses os vienenses querem algo novo."[21] Mas Mozart tinha colocado todas as suas esperanças de êxito no público vienense, na opinião pública da alta sociedade da capital. Este foi claramente um dos maiores desejos de sua vida — e uma das mais importantes razões para sua tragédia.

Sugeri no começo que não se pode determinar, a partir da perspectiva do "ele", o que alguém sente quando satisfaz seus desejos, ou quando se vê impossibilitado de realizá-los. Deve-se tentar entender isso a partir do ponto de vista da primeira pessoa, da perspectiva do "eu". Acontece, com muito mais frequência do que se pode imaginar, de alguém se empenhar com fervor em ser aplaudido por seu círculo imediato de amigos e conhecidos; no reconhecimento e aclamação pela cidade onde vive; e

21 Ver p.118 abaixo.

que o sucesso em qualquer outro lugar do mundo não compense a falta de sucesso, ou mesmo a rejeição que experimente no círculo mais restrito a que se esteja ligado. Pode-se verificar algo desta constelação de fatos na vida de Mozart.

Seguindo esta linha descobrimos também que a atitude e situação de Mozart não pode ser adequadamente compreendida se sua posição em relação à sociedade de corte for vista como puramente negativa — uma rejeição do tipo comumente encontrado na literatura burguesa alemã da segunda metade do século XVIII.[22] Sua rebelião pessoal contra a humilhação e a repressão que sofria nos círculos cortesãos, seja ao procurar emprego, seja como empregado, tinha, à primeira vista, alguma coisa em comum com a revolta, principalmente nas partes não austríacas do Império Alemão, que encontrava expressão na literatura humanitária cujos conceitos básicos eram educação (*Bildung*) e cultura (*Kultur*). Como os burgueses pioneiros deste movimento filosófico e literário, Mozart insistia em sua dignidade humana, independentemente de origem ou posição social. Ao contrário do pai, nunca aceitou em seu íntimo a posição de inferioridade. Nunca se conformou com a condescendência com que ele e sua música eram tratados.

Mas, no caso de Mozart, o ressentimento e a amargura com os aristocratas que lhe davam a entender que, em última análise, ele era apenas um subordinado, uma espécie de bem qualificado provedor de entretenimento, só muito marginalmente encontrava

22 É interessante destacar esta diferença. Pois uma das mais espantosas peculiaridades das décadas de 1770 e 1780 na Alemanha é o fato de que os dois mundos em que Mozart vivia, o mundo dos burgueses de corte e o dos aristocratas de corte, praticamente não foram alcançados, ao que se sabe, pela grande onda do movimento literário e filosófico alemão que estava acontecendo naquele momento. Na década de 1770, quando muitos jovens alemães se entregavam à excitação do *Sturm und Drang* — Goethe publicou *Götz* em 1773, *Sturm und Drang*, de Klinger, apareceu em 1774, *Der Hofmeister* e *Die Soldaten*, de Lenz, em 1776 e 1778, respectivamente —, o jovem Mozart teve êxito, especialmente na Itália, mas também na Alemanha, com óperas no estilo tradicional. Em 1778, ano em que foi publicada a *Crítica da razão pura* de Kant, *Idomeneo*, escrita por encomenda da corte da Baviera, teve sua primeira apresentação em Munique. É uma das melhores e mais inventivas óperas de Mozart, inteiramente conforme ao estilo da corte e, no entanto, única em seu desenvolvimento da velha tradição.

justificativas em princípios gerais. Ele não buscou, para dar base a tais sentimentos, qualquer ideologia de uma humanidade universal. Sua falta de interesse em tais ideais era outro fator a distingui-lo de Beethoven, não apenas no plano individual, mas no das gerações. Até onde podemos ver, seu sentimento de igualdade, e sua insistência em ser tratado como igual, parecem ter se baseado primariamente na música — sua obra e suas conquistas. Desde cedo, ele estava consciente do alto valor de sua música, e portanto de si próprio. Seus sentimentos negativos e sua revolta contra os aristocratas que o tratavam com desprezo eram apenas uma face da moeda. Não podemos entender bem a vida de Mozart, ou sua obra, a não ser que percebamos como era ambígua sua atitude em relação à sociedade de corte.

Até certo ponto, ele nutria os mesmos sentimentos de conflito em relação ao pai. Mas, aqui, desde cedo o impulso de liberdade dominou de maneira muito clara — a despeito de seus protestos de obediência e devoção. O comportamento de Mozart parece indicar que os componentes negativos de seus sentimentos em relação ao pai exacerbaram-se gradualmente, muito embora sua consciência nunca lhe tenha permitido abandonar a postura de filho devotado.

Na relação de Mozart com a classe dominante — com cujos componentes tinha de lidar enquanto burguês, i.e., enquanto pessoa de origem mais baixa — o lado positivo de tais sentimentos ambivalentes provavelmente permaneceu mais forte do que em relação ao pai. No contexto de uma relação *outsider-establishment*[23] — e estamos aqui tratando com tal relação — isto não é raro; neste aspecto, também, o caso individual tem um certo significado paradigmático.

Como muitas pessoas na posição de *outsider*, Mozart sofria com as humilhações impostas pelos nobres da corte, e se irritava com elas. Mas, ao lado de tais reações hostis à classe mais alta, estavam presentes fortes sentimentos positivos: era precisamente seu reconhecimento que ele desejava, era precisamente por eles que queria ser visto e tratado como homem de igual valor, por

---

23 Sobre a teoria de tais relações, cf. Norbert Elias e John Scotson, *Etablierte und Aussenseiter*, Frankfurt am Main 1990.

suas realizações musicais. Tal ambivalência se expressou, por exemplo, em sua enérgica antipatia por quem lhe garantia um emprego na corte, e em seu desejo simultâneo de ganhar, como "artista autônomo", os favores do público vienense, predominantemente composto de aristocratas da corte.

O tipo de sentimentos e a atitude que encontramos aqui são um exemplo de uma situação que frequentemente se observa em conexão com um certo tipo de relação *outsider-establishment.* Pessoas com a posição de *outsiders* em relação a certos grupos estabelecidos, mas que se sentem seus iguais ou mesmo superiores, por suas realizações pessoais ou, algumas vezes, até mesmo por sua riqueza, às vezes reagem rancorosamente às humilhações a que estão expostas; podem também estar plenamente conscientes dos defeitos do grupo estabelecido. Mas enquanto o poder do *establishment* permanecer intacto, tanto ele como seu padrão de comportamento e sentimento podem exercer uma atração muito forte sobre os *outsiders.* Muitas vezes o maior desejo destes é serem reconhecidos como iguais por aqueles que os tratam, tão abertamente, como inferiores. A curiosa fixação dos desejos dos *outsiders* pelo reconhecimento e aceitação do *establishment* faz com que tal objetivo se transforme no foco de todos os seus atos e desejos, sua fonte de significado. Para eles, nenhuma outra estima, nenhum outro sucesso, têm tanto peso quanto a estima do círculo em que são vistos como *outsiders* inferiores, quanto o sucesso em seu *establishment* local. Precisamente este sucesso foi, afinal, negado a Mozart.

Como o sucesso de sua música em Viena se revestia para ele de especial importância, seu posterior fracasso nesta cidade o afetou ainda mais profundamente. Nos últimos anos de vida, alcançou considerável êxito em outras cidades do Império Alemão, mas, ao que parece, isto não conseguia compensar sua gradual perda de popularidade em Viena. O fato de a sua música ser compreendida pela sociedade vienense conferia à sua vida um sentido especial, assim como a incompreensão dos mesmos círculos e o rompimento de muitos contatos pessoais (para o que, sem dúvida, ele contribuiu) significaram para ele uma perda de sentido igualmente pesada. Tal experiência foi decisiva na sensação de falta de sentido e no desespero que parecem tê-lo dominado no final da vida, desgostando-o amargamente e finalmente privando-o de coragem para continuar a luta e enfrentar a doença que o atacou.

O fato de Mozart ter desistido de seu posto relativamente seguro na corte do príncipe-bispo de Salzburgo, para tentar ganhar a vida em Viena, certamente não significa que ele planejasse, naquele estágio, construir para si próprio uma posição de "artista autônomo", mesmo no sentido limitado em que Beethoven e outros célebres artistas do século XIX foram capazes de fazer. Os músicos que desejam divulgar suas obras e ganhar dinheiro com elas sempre são mais dependentes da colaboração de outras pessoas do que seus colegas poetas ou pintores. Se eles próprios não forem capazes de desempenhar as funções de organizadores de concertos, regentes, diretores de ópera etc., precisam de outras pessoas que o façam, para que as composições alcancem um público mais amplo. Precisamos levar em consideração tal necessidade de cooperação, com todas as tensões e possibilidades de conflito que contém, para conhecer as perspectivas de êxito profissional de Mozart quando abriu mão de seu posto como empregado permanente da corte.

O desenvolvimento do mercado de música de alta qualidade tem, no geral, a mesma estrutura e direção, a mesma ordem sequencial que os mercados de outros tipos. Hoje em dia há um mercado internacional para as criações musicais de Mozart, mas há também para algumas obras de compositores contemporâneos que tiveram acesso às principais salas de concerto do mundo e às transmissões pelos meios de comunicação, numa luta muito competitiva. O mercado potencial que aguardava Mozart, quando trocou a carreira de músico da corte pela de artista relativamente autônomo, era, dissemos, muito mais restrito. As instituições capazes de montar óperas, balés e obras orquestrais de grandes dimensões ainda estavam, em grande parte, limitadas a cidades dotadas de cortes, como Munique, Mannheim, Berlim ou Praga. À época de Mozart, Viena, sede da corte imperial, tinha uma posição de destaque entre as demais, enquanto os movimentos culturais, principalmente na literatura e na filosofia, que floresciam em outras regiões alemãs, e que se dirigiam a um público burguês externo às cortes, eram um tanto estiolados em Viena. Como audiência para a música de elite da época, do tipo da que

Mozart escrevia, a sociedade aristocrática de corte ainda desempenhava o papel principal.

Ao abrir mão do detestado serviço de corte, Mozart não ficou independente da audiência da corte. Pelo contrário, acima de tudo, foram membros da sociedade aristocrática vienense, tais como o príncipe Gallitzin ou a família Thun, que nele despertaram a ideia de ganhar a vida de modo independente com o mercado musical local, sem empregador ou renda garantida. Pode ser que também esperasse encomendas da família imperial — o que, dentro de certos limites, realmente aconteceu. Ou que contasse com uma posição na corte imperial — o que, também dentro de certos limites, conseguiu. Pois certamente não se opunha em princípio a postos permanentes, e na verdade passou a vida à procura de um. Mozart não assumiu a posição de "artista autônomo" apenas porque assim quis; isso aconteceu porque ele, simplesmente, não suportava mais o trabalho na corte de Salzburgo.

Por outro lado, a visão do artista famoso e independente, viajando por diversos países, de corte em corte, por algum tempo também tinha seduzido seu pai. E como Mozart, em criança, já tinha provado a vida sem empregador permanente, com suas penas e gozos, em que ia de uma "boa sociedade" para outra, seria surpreendente se tal possibilidade não lhe tivesse ficado na mente como alternativa mais satisfatória do que o serviço na corte. É muito clara a influência decisiva desse período sobre o caráter de Mozart. Muitas e muitas vezes lutou pelo fulgor do aplauso entusiasmado que conhecera quando criança.

E sabia muito bem que continuava a merecê-lo. Nunca teve má opinião de si mesmo ou de sua obra e poucas vezes relaxou em seu trabalho artístico. Sua educação básica ajudou-o a adquirir a capacidade de improvisar musicalmente ao gosto da época, ou seja, da maneira exigida pelos padrões da classe dominante. No que se referia à música, ainda se tinha como certo que o artista devia seguir o gosto da audiência, socialmente superior. A estrutura de poder que dava à nobreza de corte precedência sobre todas as outras classes também determinava que tipo de música um artista burguês poderia tocar nos círculos cortesãos e até que ponto suas inovações poderiam ir. Mesmo como "artista autônomo", Mozart estava preso a tal estrutura.

Mozart sempre desejou poder criar livremente, seguir suas vozes interiores sem se preocupar com os compradores.[24] Mesmo em Salzburgo, suas melhores peças foram as que escreveu para pessoas a quem queria agradar, quando podia soltar as rédeas da imaginação. Acreditava que teria esta possibilidade em Viena. Mas ali também foi obrigado a fazer concessões. Tomemos por exemplo alguns concertos para piano que compôs em meados da década de 1780. Para ele, era uma necessidade vital que tais obras satisfizessem o gosto do público, já que dependia da renda de suas "academias".

A 11 de dezembro de 1784, completou um concerto em fá maior (K 459), com tambores e trombetas tocando *tutti*, o qual apresentou seis anos mais tarde em Frankfurt, na coroação do imperador Leopoldo II. Trata-se de uma obra escrita acima de tudo para o público, com *bravado* e virtuosidades ostentatórias. Mas, como se enfastiado por essa subordinação de seus poderes criativos a uma força maior, como se estivesse se rebelando, dois meses mais tarde escreveu um concerto para piano inteiramente diferente, o concerto em ré menor (K 466). Em parte, trata-se de uma obra de intensidade dramática, apaixonada. Percebe-se que ele está inteiramente indiferente ao que as pessoas possam pensar. Está escrevendo música como a sente, talvez até mesmo com a intenção consciente ou inconsciente de chocar — *pour épater la noblesse*. Não ficou mais popular com esta obra, e precisava de dinheiro. Incidentalmente, este é o único concerto que se tornou bem conhecido no século XIX. Mas Mozart não prosseguiu nessa direção, pelo menos de imediato. No inverno e primavera de 1785/6, escreveu três novos concertos, sobre os quais Alfred Einstein fala em seu inteligente livro:

> Os dois primeiros [em mi bemol, K 482 e em lá, K 488] dão-nos a impressão de que ele sentiu ter ido talvez longe demais, ter confiado demais no público vienense, ter ultrapassado os limites da música "social" — ou, dizendo-o de maneira mais simples, que ele viu que

---

24 Seus padrões de sublimação eram peculiares. Quando compunha ópera, e estava limitado apenas pelo libreto (que sempre escolhia com muito cuidado, de modo a satisfazer suas necessidades), o texto claramente soltava as rédeas de sua imaginação. Sua música fluía espontaneamente, realçando as palavras graças a sua magia. Não acontecia bem assim com outros tipos de música.

a estima do público minguara, e buscava conquistá-la de volta com obras que, com certeza, fariam sucesso.[25]

Em 1789 Mozart foi a Berlim, onde o rei da Prússia, violoncelista, encomendou seis quartetos de cordas e seis sonatas fáceis para a filha, que tocava piano. Portanto, ele tinha encomendas. Mas pode-se ver Mozart conscientizando-se do fato de que, para este patrono, teria que simplificar o que ouvia, e isso não lhe interessava mais. Não queria simplificar. Queria seguir suas vozes interiores e escrevê-*las*. De modo que terminou apenas três dos quartetos para a corte de Brandenburgo e somente uma das sonatas para piano. A necessidade de escrever para si mesmo, uma característica geral dos músicos de hoje, se afirmava cada vez mais.

Beethoven nasceu em 1770, quase quinze anos depois de Mozart. Conseguiu, não com facilidade, mas com muito menos problemas, aquilo pelo que Mozart inutilmente lutou: liberou-se, em grande parte, da dependência do patronato da corte. Foi, assim, capaz de seguir a própria voz em suas composições — ou, mais exatamente, a ordem sequencial de suas vozes interiores, e não o gosto convencional de seus fregueses. Beethoven teve muito mais oportunidades de impor seu gosto ao público musical. Diferentemente de Mozart, foi capaz de escapar à coerção de ter de produzir música na situação de subordinado a um empregador ou patrono muito mais poderoso; ao invés disso, pôde compor música, se não exclusivamente, mas pelo menos até certo ponto, como artista autônomo (como chamaríamos hoje em dia) para um público relativamente desconhecido. Uma pequena citação deve bastar para ilustrar a diferença. Em junho de 1801, Beethoven escreveu para o amigo Wegeler:

> Minhas composições me rendem bastante; e posso dizer que recebo mais encomendas do que me é possível satisfazer. Além disso, para todas as composições posso contar com seis ou sete editores, ou até mais, se quiser; as pessoas não vêm mais me propondo acertos, eu defino o preço e elas pagam. De modo que você pode ver que me encontro numa boa situação.[26]

---

25 Alfred Einstein, *Mozart, his Character, his Work* (trad. para o inglês por A. Mendel e N. Broder), Londres/Toronto /Melbourne/Sidney 1946, p.309.
26 *The Letters of Beethoven*, reunidas, organizadas e traduzidas por Emily Anderson, vol.I, Londres 1961, p.58.

Mozart sonhou em chegar aonde Beethoven triunfalmente anuncia ter chegado; e quem sabe isso tivesse acontecido, caso tivesse tido a coragem de viver mais tempo. Seguindo o modo corrente de pensamento, ficamos tentados a pensar que com a mesma idade de 31 anos, Mozart, como Beethoven, poderia ter chegado a uma posição em que os editores competissem por sua obra — se houvesse se adaptado melhor ao gosto do público. No entanto, não se deve ceder tão rapidamente à pressão convencional que nos leva a explicar tais diferenças nas carreiras de duas pessoas basicamente pelas diferenças individuais, e a abandonar explicações baseadas em mudanças estruturais na sociedade. Depois de morto, Mozart alcançou muito sucesso. O que lhe faltou, na época em que viveu, foi um maior desenvolvimento na área de publicações musicais que Beethoven indica na carta acima (e a difusão de concertos para uma audiência composta de pagantes, e não de convidados). Na verdade, poucas afirmações destacam de maneira mais intensa a profunda mudança estrutural na posição social do artista do que esta: "as pessoas não vêm mais me propondo acertos, eu defino o preço e elas pagam".

Além disso, a mudança sugerida nesta afirmação não se refere apenas à posição social do artista. Com ela, o padrão de criação artística, ou, dito de maneira diferente, a estrutura da arte, também mudou. Mas tais conexões não esclarecem bem se a transição da produção artística feita para um empregador ou patrono conhecido, para a produção artística dirigida a um público pagante, do patronato para o mercado livre mais ou menos anônimo, é considerada meramente como evento econômico. Assumir esta visão é negligenciar um ponto essencial: tratava-se de uma mudança estrutural na relação das pessoas umas com as outras, que pode ser definida com precisão. Em particular, envolvia um ganho de poder pelo artista com relação a seu público. Esta mudança humana, esta modificação no equilíbrio de poder — não apenas entre indivíduos enquanto tais, mas entre indivíduos enquanto representantes de diferentes funções e posições sociais, entre pessoas na condição de artistas e público — não pode ser compreendida enquanto nosso padrão de pensamento insistir em desfiar apenas abstrações desumanizadas. Só podemos fazer-lhe justiça se tivermos, diante dos olhos, exemplos claros, e se tentarmos visualizar o que esta mudança significou para as pessoas envolvidas.

Arte de artesão e arte de artista

Ao decidir abandonar o serviço em Salzburgo e confiar seu futuro às boas graças da alta sociedade vienense, sem qualquer emprego estável, Mozart estava dando um passo muito incomum para um músico de seu nível naquele tempo — mas que foi da maior importância para sua produção musical. Pois o padrão de produção musical de um artista da corte que trabalhasse para um empregador determinado, seguindo suas instruções e atendendo a suas necessidades, diferia extremamente, devido à composição social específica em que sua música tinha função, do novo padrão que gradualmente se formou ao se tornar regra a produção musical feita por artistas relativamente livres e que competiam por um público essencialmente anônimo. Dizendo isto em termos tradicionais: a mudança de posição social e de função dos compositores alterou também o estilo e caráter de sua música. A especial qualidade da música de Mozart sem dúvida alguma decorre da singularidade de seu talento. Mas a maneira pela qual este talento se expressou em suas obras está associada, de modo muito íntimo, ao fato de que ele, músico de corte, procurasse alcançar o status de "autônomo" cedo demais, por assim dizer, numa época em que o desenvolvimento social já permitia tal passo mas ainda não estava, institucionalmente, preparado para o mesmo.

No entanto, a dificuldade e o arrojo de tal passo só ficam claros se considerados no contexto mais amplo do desenvolvimento que vai da arte do artesão para a arte do artista, da produção artística encomendada por patronos específicos, normalmente pessoas de nível social superior, para a produção dirigida ao mercado anônimo, a um público, no geral, de nível igual ao do artista. A existência social de Mozart, a peculiaridade de seu destino social, mostra muito claramente que a virada da arte de artesão para a criação artística "livre" não foi um acontecimento brusco. Na realidade, o que ocorreu foi um processo com muitos estágios intermediários, sendo que, como se pode observar, no caso da música a principal fase de transformação ocorreu mais tarde do que no caso da literatura e da pintura. É mais fácil entender a vida de Mozart se ela for encarada como um microprocesso do período principal da transformação deste macroprocesso.

Mostrar que o que normalmente é chamado de "história" da arte não é uma mera sequência caleidoscópica de mudanças, uma sucessão não estruturada de estilos, ou mesmo uma acumulação fortuita de "grandes" homens, mas uma sequência definida e ordenada, um processo estruturado que vai numa certa direção e está intimamente ligado ao processo social geral, não significa insinuar uma valoração heterônoma oculta. Não significa sugerir que a arte dos artistas "livres", dirigida a um mercado de consumidores anônimos, seja melhor ou pior do que a dos artesãos, produzida para patronos. Do ponto de vista de nossos sentimentos presentes, a mudança na posição do artista que aqui discutimos pode muito bem ter sido, para as pessoas envolvidas, uma mudança "para melhor". Mas isto não quer dizer que o mesmo se desse com suas obras. À medida que vai mudando a relação entre os que produzem arte e os que precisam dela e a compram, muda a estrutura da arte, mas não o seu valor.[27]

Como a revolta de Mozart na esfera da música representou um passo adiante na transição do artista empregado para o artista "livre", vale a pena considerar um ou dois aspectos dessa mudança na posição do artista e na estrutura da arte acarretada por este processo espontâneo. Podemos compreendê-los se imagi-

---

27 Com toda a certeza, verificamos frequentemente que são mais valorizadas pela posteridade as obras que um artista-artesão produziu por puro enlevo ou sob pressão de intensos sofrimentos, sem levar em consideração o gosto do público ou os ganhos financeiros. Por exemplo, os quadros que atualmente são considerados como os mais importantes de Vermeer de Delft são aquelas obras que nunca foram vendidas e que, sem terem comprador, foram abandonadas após sua morte.

narmos o artista e seus consumidores como os pesos em cada um dos pratos de uma balança. Isto significa que a relação entre eles, não importa quantos elos intermediários existam, implica um equilíbrio específico de forças. Com a transição da arte de artesão para a arte de artista, este equilíbrio se modifica.

Na fase da arte artesanal, o padrão de gosto do patrono prevalecia, como base para a criação artística, sobre a fantasia pessoal de cada artista. A imaginação individual era canalizada, estritamente, de acordo com o gosto da classe dos patronos. Na outra fase, os artistas são, em geral, socialmente iguais ao público que admira e compra sua arte. No caso de seus quadros principais, o *establishment* dos especialistas num dado país, os artistas, enquanto formadores de opinião e a vanguarda artística, são mais poderosos que seu público. Com seus modelos inovadores, podem guiar para novas direções o padrão estabelecido de arte, e então o público em geral pode ir lentamente aprendendo a ver e ouvir com os olhos e ouvidos dos artistas.

A direção tomada por esta mudança na relação entre produtores e consumidores de arte e, *pari passu*, na estrutura da arte, certamente não é uma coisa isolada. É um elemento no desenvolvimento mais amplo das unidades sociais que, num dado momento, dão a estrutura de referência para a criação artística. E isto só pode ser visto onde o desenvolvimento da estrutura social estiver se movendo na direção correspondente — ou seja, em conjunção com a crescente diferenciação e individualização de muitas outras funções sociais — ou onde ocorre a substituição da aristocracia de corte por um público de profissionais burgueses enquanto classe superior e, portanto, como consumidores de obras de arte. Por outro lado, tal mudança na relação entre produtores e consumidores de arte não está, de modo algum, estritamente ligada à sequência particular de acontecimentos da Europa. Pode-se ver, por exemplo, uma mudança em direção semelhante na alteração que sofre a arte artesanal das tribos africanas, ao alcançarem elas um estágio superior de integração em que as unidades tribais prévias se fundem em unidades de estado. Também aqui a produção artesanal — por exemplo, de uma figura ancestral ou de uma máscara — lentamente se livra da dependência de um comprador específico ou de uma ocasião específica numa aldeia, e passa para a produção dirigida a um mercado de indivíduos anônimos, tal como o mercado de turistas ou o mercado internacional de arte mediado por comerciantes.

Sempre que acontecem processos sociais como o que acabamos de esboçar, podem se perceber mudanças específicas no padrão de criação artística e, correspondentemente, na qualidade estrutural das obras de arte. Estas últimas mudanças sempre estão vinculadas a uma mudança social que afeta pessoas diretamente ligadas, enquanto produtores e consumidores de arte. A não ser que fique clara a conexão entre elas, os dois conjuntos de mudanças podem, na melhor das hipóteses, ser descritos de maneira superficial, mas dificilmente podem ser explicados ou compreendidos.

O destino de Mozart é uma comovente ilustração dos problemas enfrentados por alguém que, músico de altíssimo talento, foi envolvido por este processo social não planejado. Claro que ele também se viu nesta situação por uma decisão muito pessoal; pois é indiscutível que foi por escolha própria que desistiu de um emprego que lhe proporcionava uma renda modesta, mas bastante segura, para tentar a sorte como artista autônomo em Viena. Mas seu pedido de demissão do emprego na corte, embora quase sem precedentes entre os músicos, não aconteceu por acaso. É pouco provável que Mozart não tenha percebido, em Paris ou nas cidades alemãs, os ventos dos protestos burgueses contra os direitos de dominação da privilegiada nobreza da corte. Se Leopold Mozart — embora a contragosto — tinha acabado por se curvar a seu próprio destino social, já que um músico de sua geração não tinha outra saída para escapar da norma aristocrática-cortesã, seu filho pertencia a uma geração para a qual a esperança de uma saída não parecia tão vã, e nem tão difícil de realizar o desejo de ganhar a vida por seus próprios méritos de músico, mesmo sem emprego fixo. As oportunidades para os artistas autônomos tinham-se ampliado um pouco, embora o salto para a "liberdade" significasse, na verdade, não muito mais do que uma dependência menos estrita do público aristocrata-cortesão. E como este público era caprichoso, implicava riscos bastante consideráveis.

Certo que foi do próprio Mozart a decisão de abandonar o emprego e arriscar-se ao salto. Mas, em última análise, até mesmo tais decisões individuais ficam obscuras quando não se consideram os aspectos relevantes dos processos sociais não planejados em que ocorrem, e cuja dinâmica determina, em grande parte, suas consequências. Se pudermos reconstruir o que a grande mudança na relação entre produtores e consumidores de arte significou para a experiência e a situação dos primeiros, e portanto para a natureza de suas obras, podemos chegar a um entendimento mais claro e profundo de um artista individual como Mozart, que deu — em parte porque quis, em parte porque foi impelido — alguns passos na direção deste processo.

Para se compreender melhor este processo, imaginemos em seu interior dois aspectos que se situam em polos opostos, dois estágios muito distantes na mudança estrutural sofrida pela relação entre produtores e consumidores de arte. Num caso, em que um artista-artesão trabalha para um cliente conhecido, o produto normalmente é criado com um propósito específico, socialmente determinado. Não importa que seja uma festividade pública ou um ritual privado — a criação de um produto artístico exige que a fantasia pessoal do produtor se subordine a um padrão social de produção artística, consagrado pela tradição e garantido pelo poder de quem consome arte. Em tal caso, portanto, a forma da obra de arte é modelada menos por sua função para o produtor e mais por sua função para o cliente que a utiliza, de acordo com a estrutura da relação de poder.

Aqui, os usuários da arte não constituem um agregado de consumidores individuais, cada qual relativamente bem individualizado, personificando, isoladamente dos outros, o instrumento, por assim dizer, em que ressoa a obra de arte. Ao contrário, a arte está ligada a receptores que, independentemente da ocasião em que as obras de arte são apresentadas, formam um grupo fortemente integrado. O lugar e a função que a obra de arte tem para o grupo derivam de ocasiões determinadas em que este se reúne — por exemplo, na apresentação de uma ópera. Portanto, uma das funções importantes da obra de arte é ser uma maneira de a sociedade se exibir, como grupo e como uma série de indivíduos dentro de um grupo. O instrumento decisivo com o qual a obra ressoa não são tanto os indivíduos em si mesmos — cada qual sozinho com seus sentimentos —, mas muitos indivíduos integrados num grupo, pessoas cujos sentimentos são, em grande parte, mobilizados e orientados para o fato de estarem juntas. Nesse estágio, as ocasiões sociais para as quais as obras de arte eram produzidas não estavam, como hoje em dia, dedicadas especificamente ao prazer da arte. As obras do passado tinham uma função menos específica num contexto social mais amplo — eram, por exemplo, imagens de deuses nos templos, adornos para túmulos de reis mortos, música para banquetes e de dança. A arte foi "arte utilitária", antes de se tornar "arte".

Quando, em conjunção com um impulso rumo a uma maior democratização e a correspondente ampliação do mercado de arte, a relação de poder entre produtores e consumidores de arte gradualmente veio a pender em favor dos primeiros, chegamos a uma situação tal como se pode observar em alguns ramos da arte no século XX — especialmente na pintura, mas também na música de elite e mesmo na música popular. Neste caso, o padrão social dominante de arte é constituído de tal maneira que o artista individual tem muito mais espaço para a experimentação e a improvisação autorregulada, individual. Comparado ao artista-artesão, na manipulação das formas simbólicas de sua arte ele dispõe de liberdade bem maior para seguir sua compreensão pessoal dos padrões sequenciais, sua expressividade e seu próprio sentimento e gosto, que se tornaram altamente individualizados. Agora a obra de arte depende, em larga escala, do autoquestionamento dos indivíduos sobre o que lhes agrada particularmente em suas fantasias e experimentos materializados e de sua capacidade para, mais cedo ou mais tarde, despertar um eco em outras pessoas através de tais estruturas simbólicas. Reduz-se a pressão coletiva da tradição e da sociedade local integrada sobre a produção da obra de arte; crescem os autocondicionamentos, impostos pela consciência do produtor de arte individual.

O mesmo se aplica à ressonância produzida pela obra. As ocasiões em que as obras de arte — como a música de órgão num serviço religioso, ou as pinturas que ornamentam um palácio — são dirigidas a grupos que se reúnem com outros propósitos vão se tornando menos frequentes nos campos da pintura, da música e da literatura.[28] Neste estágio, a obra de arte

28 Na arquitetura, e portanto na escultura, elas são mais frequentes, muito embora exemplos como Le Corbusier ou a Bauhaus mostrem que, em certas fases do desenvolvimento da arquitetura, os especialistas inovadores podem desempenhar um papel muito importante como reguladores do gosto do público.

é dirigida, mais do que antes, a um público de indivíduos isolados — tal como a variada audiência de um concerto, superficialmente integrada, ou a massa de visitantes de um museu, onde cada qual passa diante dos quadros sozinho ou, no máximo, em pares isolados. Ilhados uns dos outros, em segurança, cada um se questiona quanto à ressonância da obra, perguntando a si mesmo se, pessoalmente, gosta daquilo, e o que sente a respeito. Tanto na produção como na percepção, uma parte importante é desempenhada não apenas por sentimentos altamente individualizados, mas por um grau elevado de auto-observação. Ambas mostram um alto nível de autoconsciência. Em algumas obras, como as variações de Picasso sobre as pinturas da Infanta espanhola, de Velásquez, o problema da autoconsciência artística está claramente envolvido na formulação da obra. Em tais casos, o consumidor de arte tem nítida consciência de que sua própria resposta individual constitui um aspecto relevante de cada obra.[29]

Nesta fase do desenvolvimento da arte, portanto, os artistas individuais (Picasso, Schoenberg) ou mesmo pequenos grupos de artistas (expressionistas, atonalistas) são mais importantes como orientadores do gosto artístico. Frequentemente uns poucos artistas avançam no padrão de juízo da arte em seu campo e — quaisquer que sejam as dificuldades de recepção — o resultado não é o fracasso. Tornou-se corriqueira a ideia de que os artistas têm uma tendência a apresentar um comportamento "selvagem", ou ao menos incomum, que inventam novas formas que o público inicialmente não consegue perceber e, portanto, não entende; isso é quase um componente do trabalho do artista.

Para começar, em arte, muitas vezes torna-se difícil distinguir entre inovações de sucesso ou fracassadas. A fascinante gama de possibilidade de invenção individual abre as portas a experimentos fracassados e a fantasias informes. Em outras palavras,

29 O desenvolvimento indicado pelo uso dos termos "objetivo" e "subjetivo" para caracterizar diferentes estilos musicais é relevante, aqui. Tem duas precondições: primeira, um deslocamento na relação de poder em favor dos artistas, permitindo-lhes usar sua música, num grau mais elevado, como meio de expressão de sentimentos individuais; e, segunda, uma mudança na estrutura do público apreciador de música, envolvendo um aumento de sua individualização. Também os ouvintes de música "subjetiva" têm a preocupação, mais do que na época dos estilos musicais "objetivos", de que a música desperte, dê voz a seus sentimentos muito pessoais, e talvez reprimidos.

as sociedades mais diferenciadas, relativamente desenvolvidas, cultivaram uma alta tolerância quanto aos modos sumamente individualizados de ampliar ainda mais o padrão existente de arte; isto favorece a experimentação e o rompimento de convenções caducas e pode, assim, ajudar a enriquecer os prazeres artísticos proporcionados pela visão e a audição. Sem dúvida, tal não ocorre sem custos ou riscos. Aliás, o rompimento da rotina pode congelar-se em convenção. Porém, em geral, as dificuldades de comunicação que as inovações artísticas implicam são absorvidas com mais facilidade. Pode ser que deem origem a conflitos; mas há funções sociais (historiadores de arte, jornalistas, críticos, ensaístas) que tentam transpor as lacunas de opiniões contraditórias, atenuar o impacto de ousadias artísticas e facilitar a transição para novas maneiras, pouco familiares, de se ver e ouvir. Mesmo que muitas experiências artísticas se revelem nada além de meros estímulos, ou mesmo fracassos, a experimentação tem valor por si mesma, embora apenas um número limitado de inovadores passe pelo teste da aceitação reiterada por várias gerações.

Entre as mais interessantes perguntas não respondidas de nosso tempo está a que indaga quais características estruturais fazem as criações de uma determinada pessoa sobreviverem ao processo de seleção de uma série de gerações, sendo gradualmente absorvidas no padrão das obras de arte socialmente aceitas, enquanto as de outras pessoas caem no mundo sombrio das obras esquecidas.

O artista no ser humano

Mozart está entre os artistas cujas obras passaram, de maneira especialmente convincente, pelo sempre renovado teste das gerações. É uma verdade, mas com reservas. Muitas de suas composições de infância e juventude estão esquecidas ou despertam pouca reação. A grande curva descrita por sua existência social — o prodígio mimado pela alta sociedade da Europa, a fama mais difícil da laboriosa juventude entre os vinte e trinta anos, a perda de popularidade, especialmente em Viena, a indigência cada vez maior e o isolamento de seus últimos anos, e finalmente a ascensão, muito irregular, de sua fama após a morte —, tudo isto é bem conhecido e não precisa ser examinado aqui em detalhe. O surpreendente, talvez, é que Mozart sobrevivesse a sua perigosa fase como menino prodígio, sem que seu talento tenha sido destruído.

Com frequência nos deparamos com a ideia de que a maturação do talento de um "gênio" é um processo autônomo, "interior", que acontece de modo mais ou menos isolado do destino humano do indivíduo em questão. Esta ideia está associada a outra noção comum, a de que a criação de grandes obras de arte é independente da existência social de seu criador, de seu desenvolvimento e experiência como ser humano no meio de outros seres humanos. De acordo com este enfoque, os biógrafos de Mozart muitas vezes supõem que compreender Mozart enquanto artista, e portanto sua arte, pode estar dissociado de compreender Mozart enquanto homem. Esta separação é artificial, enganadora e desnecessária. Embora o atual estado de conhecimento não nos permita revelar as conexões entre a existência social e as obras de um artista como se usássemos um bisturi, é possível investigá-las com alguma profundidade.[30]

No presente estágio de civilização, a transfiguração do elemento misterioso em gênio pode satisfazer uma necessidade profundamente sentida. Ao mesmo tempo, é uma das muitas formas da deificação dos "grandes" homens, cuja outra face é o desprezo pelas pessoas comuns. Ao elevar o primeiro acima da medida humana, reduzem-se as outras a um nível abaixo dela. Nossa compreensão das realizações de um artista e a alegria que se tem com suas obras não diminui, mas se reforçam e aprofundam quando tentamos captar a conexão entre as obras e o destino do artista na sociedade de seus semelhantes. O dom especial — ou, como se dizia no tempo de Mozart, o "gênio" que uma pessoa tem, mas não é — em si mesmo constitui um dos elementos determinantes de seu destino social, e, neste sentido, é um fato social, assim como os dons simples de uma pessoa sem gênio.

---

30 Uma das peculiaridades da literatura sobre Mozart é o fato de que mesmo os escritores que, assim como um São Jorge, lançam-se ao ataque contra o dragão do culto idealizador do gênio, tornando assim o tesouro acessível, puro e sem falsificações, à disposição da humanidade, acabam sendo, no fundo, mais outros adoradores de ídolos. Poucas vezes a ideia de um homem que gradualmente vai se transformando num grande artista, num movimento que vem todo do "interior", independentemente de seu destino humano, foi elaborada com maior nível de reflexão por um biógrafo de Mozart do que por Wolfgang Hildesheimer; e ele o faz, a meu ver, pela mesma incompreensão quanto à "grandeza humana" que ele ataca em outras biografias. A seguinte citação serve como um breve exemplo (op.cit., p.45 da edição brasileira): "Certamente o desenvolvimento de Mozart como músico não pode ser reduzido à sua crescente facilidade. Antes, como todo grande artista, ele se desenvolve perscrutando gradualmente as profundezas de seu mundo potencial, e conquistando-as, de acordo com uma lei interior. Isto é verdade especialmente no caso de Mozart, no sentido de que toda a sua experiência encontrou um caminho exclusivamente para a sua obra, não para o desenvolvimento de sua personalidade, ou para um processo de maturidade, ou ainda para uma sabedoria expressa verbalmente, ou uma visão do mundo." Pobre Mozart! Sua música pode amadurecer sem que Mozart, enquanto homem, passe por qualquer processo de maturação. Uma personalidade só revela seu desenvolvimento quando pronuncia palavras sábias, elabora uma abrangente visão filosófica do mundo, bem como óperas e fantasias. Dá para se perguntar se esta não é uma visão um tanto estreita. Que áspera, que intelectual desumanidade, que falta de empatia e de compaixão por um não intelectual se expressa nestas palavras!

No caso de Mozart — diferentemente de Beethoven, por exemplo — a relação entre o "homem" e o "artista" tem sido um elemento especialmente desconcertante para muitos estudiosos, porque o quadro que emerge das cartas, relatórios e outras evidências combina mal com o ideal preconcebido de um gênio. Mozart era um homem simples, sem nada de particularmente impressionante para quem o visse na rua, muitas vezes infantil e, nas conversas particulares, estava longe de poupar metáforas relativas a excrementos. Desde a mais tenra idade, sentiu grande necessidade de amor, o que, nos curtos anos de sua maturidade, se manifestou tanto num anseio físico como no constante desejo pelo afeto de sua mulher e de seu público. A questão é como alguém provido de todas as necessidades animais de um ser humano comum podia produzir uma música que parecia, aos que a ouviam, desprovida de qualquer natureza animal. Esta música é caracterizada por termos como "profunda", "sensível", "sublime" ou "misteriosa" — parece fazer parte de um mundo diferente daquele da experiência comum, no qual a mera reunião de aspectos menos sublimes dos seres humanos tem um efeito degradante.

A razão pela qual esta dicotomia romântica sobreviveu tão tenazmente é clara. É um reflexo do sempre renovado conflito entre os civilizados e sua animalidade, que até agora nunca foi adequadamente resolvido em todos os estágios do desenvolvimento. A imagem idealizante do gênio é um dos elementos que os indivíduos agrupam em nome da espiritualidade contra o eu corporal. Mas, com isso, desloca-se o campo de batalha. A divisão resultante, na qual se colocam em escaninhos separados o mistério atribuído a um gênio, de um lado, e sua humanidade comum, de outro, expressa uma desumanidade profundamente enraizada na tradição intelectual europeia. Trata-se de um problema civilizatório não resolvido.

Qualquer avanço de civilização, não importa onde ou em que nível de desenvolvimento humano se dê, representa, para os seres humanos em suas relações uns com os outros, uma tentativa de pacificar os impulsos animais indomados que forma parte de seus dotes naturais, através de impulsos compensatórios gerados socialmente, ou então, de sublimá-los e transformá-los culturalmente. Isto permite que as pessoas vivam umas com as outras e consigo mesmas sem estarem constantemente expostas à pressão incontrolável de seus impulsos animais — os seus próprios e os dos outros. Se depois de crescidas as pessoas continuassem sendo os mesmos seres instintivos que eram quando crianças, suas possibilidades de sobrevivência seriam extremamente escassas. Em sua busca por alimento, não teriam os meios de orientação que se aprendem com a instrução, seriam irremediavelmente suscetíveis a cada necessidade momentânea, e constituiriam, deste modo, um peso permanente e um perigo para si mesmos e para os outros.

Mas os padrões e métodos sociais pelos quais as pessoas constroem os controles dos instintos em sua vida comunitária não são produzidos deliberadamente; evoluem por longos períodos, cegamente e sem planos. Irregularidades e contradições nos controles, imensas flutuações em sua severidade ou leniência, estão, portanto, entre os aspectos estruturais recorrentes do processo civilizador. Conhecemos grupos, ou mesmo indivíduos, que desenvolvem formas extremas de regulação de seus impulsos animais, tendendo a criar um muro em torno de seus impulsos e a combater, com imenso dispêndio de energia, as pessoas que não agem assim. Também cruzamos com pessoas que fazem exatamente o oposto, elaborando uma estrutura muito flexível de controle de seus instintos e que impacientemente tentam satisfazer os impulsos momentâneos. Um pouco do tipo antigo de excessiva reação civilizadora contra o instinto ainda é perceptível num padrão de pensamento cujos expoentes sempre estão dispostos a dividir a humanidade em duas categorias abstratas, denotadas por rótulos como "natureza" e "cultura", ou "corpo" e "mente", sem qualquer tentativa de investigar a conexão entre os fenômenos a que tais conceitos se referem. O mesmo se aplica à tendência de traçar uma clara linha divisória entre o artista e o ser humano, o gênio e a "pessoa comum". Como também à tendência de tratar a arte como algo que flutua no ar, exterior e independente das vidas sociais das pessoas.

Não há dúvida de que certas características das artes humanas, particularmente da música, encorajam tal atitude. Para começar, há processos de sublimação pelos quais as fantasias humanas, convertidas em criações musicais, podem ser despojadas de sua animalidade sem necessariamente abandonar sua dinâmica elementar, seu ímpeto e força, ou a antecipada doçura da satisfação.

Muitas das obras de Mozart mostram um extraordinário poder transformador deste tipo.

Um segundo aspecto da música, e da arte em geral — particularmente na forma complexa e altamente especializada que ela assume em sociedades mais desenvolvidas — contribui para esta tendência a vê-la de forma isolada de seu contexto humano. Sua ressonância claramente não está limitada aos contemporâneos da sociedade em que vive o criador. Uma das características mais significativas dos produtos humanos que chamamos de "obras de arte" é o fato de serem relativamente autônomos em relação a seu produtor ou à sociedade de seu produtor. Muitas vezes uma obra de arte só é percebida como obra-prima quando começa a tocar os sentimentos de pessoas de uma geração posterior à do produtor. Que qualidades de uma obra, e que aspectos estruturais da existência social e da sociedade de seu criador, fazem com que este seja tido como "grande" por gerações posteriores — algumas vezes a despeito da falta de ressonância entre seus contemporâneos? É uma questão em aberto, e que hoje em dia muitas vezes ainda se disfarça de mistério insolúvel.

No entanto, a autonomia relativa da obra de arte e o complexo de problemas a ela associados não nos eximem da obrigação de investigar a conexão entre a experiência e o destino do artista criador em sua sociedade, ou seja, entre esta sociedade e as obras produzidas pelo artista.

A relevância deste problema para nosso tema é maior do que pode parecer à primeira vista. O problema não se limita à música, ou mesmo à arte. O esclarecimento das conexões entre a experiência de um artista e sua obra também é importante para uma compreensão de nós mesmos como seres humanos. Torna menos óbvio e familiar o truísmo de que as pessoas fazem música e gostam de ouvi-la, e isto acontece em todos os estágios do desenvolvimento humano, do mais simples ao mais complexo. Substitui esta ideia pela questão mais ampla da natureza especial de tais seres que têm todas as características estruturais de animais altamente desenvolvidos e que ao mesmo tempo são capazes de criar e ser suscetíveis a formas mágicas, a encantamentos musicais como o *Don Giovanni* de Mozart, ou suas três últimas sinfonias. A despeito de sua significação sociológica, o problema da capacidade humana de sublimação foi um tanto negligenciado, se comparado com a capacidade de repressão. No presente contexto, mesmo que não possamos resolvê-la, somos inevitavelmente confrontados por esta questão.

Ao falar de Mozart logo nos pegamos usando expressões como "gênio inato", ou "capacidade congênita de compor"; mas tais expressões são ditas sem pensar. Se dizemos que uma característica da pessoa é inata, queremos com isso dizer que é geneticamente determinada, herdada biologicamente da mesma maneira que a cor dos cabelos ou dos olhos. Mas é simplesmente impossível para uma pessoa ter uma propensão natural, geneticamente enraizada, de fazer algo tão artificial como a música de Mozart. Antes mesmo de seus vinte anos, Mozart já tinha escrito um grande número de peças no estilo especial que estava em moda nas cortes europeias da época. Com a facilidade que o tornou famoso como um prodígio entre seus contemporâneos, ele compunha exatamente o tipo de música que tinha surgido em sua sociedade, e somente nela, como resultado de um desenvolvimento peculiar — ou seja, sonatas, serenatas, sinfonias, missas etc. Sua capacidade de manipular os complexos instrumentos musicais de seu tempo — o pai de Mozart descreve a facilidade com que aprendeu a tocar órgão com a idade de sete anos[31] — não pode ter sido herdada geneticamente, tampouco o seu domínio destas formas musicais.

Está além de qualquer dúvida o fato de que a imaginação de Mozart se expressava em padrões sonoros com uma espontaneidade e uma energia que lembram uma força natural. Mas, se havia aqui uma força da natureza, certamente era uma força muito menos específica do que a que se manifestava no idioma particular de suas prolíficas invenções. A extraordinária facilidade de Mozart para compor e tocar música conforme o padrão social da música de seu tempo só pode ser explicada como expressão de uma transformação sublimadora de energias naturais, não como uma expressão de energias naturais ou inatas *per se*. Se uma predisposição biológica desempenhou qualquer papel em seu talento especial, só pode ter sido uma predisposição muito

---

31 Carta de 11 de junho de 1763: I, p.71.

geral e inespecífica, para a qual, no momento, não temos sequer um termo adequado.

Pode-se conceber, por exemplo, que diferenças biológicas estejam envolvidas em capacidades diferenciadas de sublimação. Neste sentido, pode-se imaginar que Mozart possuísse, em grau excepcionalmente alto, uma capacidade inata, constitucional, de enfrentar as dificuldades comuns da infância através da sublimação sob a forma de fantasias musicais. Mas mesmo isto constitui uma suposição arriscada. É muito difícil conhecer as razões pelas quais, no desenvolvimento de uma dada personalidade, mecanismos particulares como projeção, repressão, identificação ou sublimação são preferidos. Ninguém pode ter qualquer dúvida de que, desde criança, Mozart mostrou uma capacidade particularmente forte de transformar as energias instintivas através da sublimação. Nada se tira da grandeza ou importância de Mozart, ou da alegria comunicada por suas obras, quando se diz isto. Pelo contrário, é uma ponte sobre o fatal abismo que se abre quando se tenta separar o Mozart artista do Mozart homem.

No entanto, para entender esta unidade, precisamos dar mais alguns passos adiante. Não podem ser muitos, já que a questão da sublimação é ainda relativamente inexplorada.

Entre os fatores que claramente influenciam o processo de sublimação estão a extensão e a direção da sublimação nos pais da criança, ou em outros adultos com os quais a criança tem contato em seus primeiros anos. Mais tarde, outros modelos de sublimação, tais como professores adequados, podem exercer influência decisiva em suas personalidades. Além disso, muitas vezes se tem a impressão de que a posição da pessoa na sequência de gerações detenha especial influência na possibilidade de sublimação; em outras palavras, a sublimação é mais fácil para pessoas na segunda e terceira geração.

O pai de Mozart era uma pessoa com acentuada tendência pedagógica. Músico talentoso de nível médio, era razoavelmente conhecido entre seus contemporâneos como autor de um manual para violino. Filho de artesão, ambicioso e inteligente, recebeu uma educação ampla e alcançou algum sucesso como regente substituto na corte de Salzburgo; mas isto não bastava para suas aspirações. Todo o seu desejo de realização em sua existência social foi, assim, dirigido para os filhos, acima de tudo para o filho varão. A educação musical do filho eclipsou-lhe todas as outras tarefas, inclusive sua própria profissão. Pouco se sabe das relações de Mozart com a mãe; mas esta situação, um pai músico que buscava satisfazer um anseio urgente e não realizado através do filho, constitui uma condição favorável para a resolução de conflitos infantis através da sublimação. Assim, foi com lágrimas nos olhos que Leopold Mozart saudou as primeiras tentativas de composição do filho. Uma forte ligação amorosa se forjou entre ele e o filho, que a cada realização musical era recompensado com um grande prêmio em termos de afeto. Isto, sem dúvida, favoreceu o desenvolvimento da criança na direção desejada pelo pai. Adiante falaremos mais sobre essas ligações.

Vale a pena explorar com mais detalhes a capacidade peculiar de Mozart que temos em mente quando o chamamos de "gênio". Sem dúvida, seria melhor evitar este conceito romântico. O que ele quer dizer não é difícil de definir. Quer dizer que Mozart sabia fazer coisas que a grande maioria das pessoas não sabia, que estão além de seus poderes de imaginação: Mozart sabia dar rédea livre às fantasias. Elas borbulhavam num fluxo de padrões sonoros que, quando ouvidos por outras pessoas, estimulavam seus sentimentos de maneiras as mais diversas. O fator decisivo nisto é que, apesar de sua imaginação se expressar em combinações de formas que se situavam na estrutura do padrão social de música que ele tinha assimilado, tais formas iam muito além das combinações já conhecidas e dos sentimentos que despertavam. Esta capacidade de criar inovações no campo do som que comunicam uma mensagem real ou potencial aos outros, produzindo neles uma ressonância, é o que tentamos classificar em conceitos como "criatividade" quando aplicados à música e, *mutatis mutandis*, à arte em geral.

Ao usar tais termos muitas vezes não se tem consciência de que a maior parte das pessoas é capaz de produzir fantasias inovadoras. Muitos sonhos são deste tipo. "Tive um sonho extraordinário", as pessoas dizem às vezes. "É como se alguém muito diferente de mim estivesse sonhando", foi como uma jovem se expressou, "não tenho nenhuma ideia de onde tenho tais ideias". O ponto em questão aqui nada tem a ver com o conteúdo do sonho. O trabalho pioneiro realizado por Freud e por alguns de seus discípulos nesta área deixou-o intocado. O que nos interessa é o lado criativo do trabalho do sonho, onde conexões novas e muitas vezes incompreensíveis são reveladas.[32]

Mas as fantasias inovadoras dos que sonham, e até mesmo dos que sonham acordados, diferem de maneira específica das fantasias que se transformam em obras de arte. Elas são normalmente caóticas, ou pelo menos desordenadas e confusas e, muito embora de candente interesse para os que sonham, são de pouco ou nenhum interesse para as outras pessoas. A peculiaridade das fantasias inovadoras na forma de obras de arte é que são fantasias que podem ser despertadas por materiais acessíveis a muitas pessoas. Em uma palavra, são fantasias desprivatizadas. Parece simples, mas toda a dificuldade da criação artística se revela quando alguém tenta cruzar esta ponte — a ponte da desprivatização. Também pode ser chamada de ponte da sublimação. Para dar tal passo, as pessoas precisam ser capazes de subordinar o poder da fantasia expresso em seus sonhos ou devaneios às regularidades intrínsecas do material, de modo que seus produtos estejam livres de todos os resíduos relacionados à experiência egoica. Em outras palavras, além de sua relevância para o eu, elas devem dar a suas fantasias relevância para o tu, o ele, o ela, o nós, e o eles. É para satisfazer tal exigência que as fantasias estão subordinadas a um material, seja de pedra, de cores, de palavras, de sons ou qualquer outro.

Além disso, o influxo de fantasias num material sem perda de espontaneidade, dinamismo ou força inovadora exige capacidades que vão além do mero fantasiar num dado material. É preciso uma completa intimidade com as regularidades intrínsecas do material, um treinamento abrangente em sua manipulação e um amplo conhecimento de suas propriedades. Tal treinamento, a aquisição deste conhecimento, traz consigo certos perigos. Pode debilitar a força e a espontaneidade das fantasias; em outras palavras, pode infringir a dinâmica intrínseca *delas*. Ao invés de desenvolvê-las ainda mais ao aplicá-las ao material, pode-se

32 A corrente de libido flui através das células de nossas lembranças e manipula as formas e eventos guardados, tal como um experiente diretor teatral, apresentando-os em novas cenas. Quem escreve os roteiros de nossos sonhos? Uma parte semiautomática de nós mesmos, diretor e ator ao mesmo tempo, transforma o material de nossas lembranças, faz dele algo novo, articula-o em cenas cuja experiência nunca tivemos.

paralisá-las por completo. Pois a transformação, desanimalização, civilização do fluxo elementar de fantasia pelo fluxo de conhecimento, e, acima de tudo, a fusão final dos dois quando o material está sendo manipulado é, em parte, a resolução de um conflito. O conhecimento adquirido, que inclui o pensamento adquirido — ou, na linguagem reificada da tradição, a "razão", ou, em termos freudianos, o "eu" — opõe-se aos impulsos de energia animal quando estes tentam assumir o controle dos músculos voluntários e portanto da ação. O fato de tais impulsos libidinais também fluírem através das câmaras da memória em seu esforço para controlar a ação humana, acendendo o fogo das fantasias oníricas — o fato de que na obra do artista eles são purificados por uma corrente de conhecimento até que finalmente se fundem com ele — representa, portanto, uma reconciliação entre tendências originalmente antagônicas da personalidade.

E há algo mais. A criação de uma obra de arte, a manipulação do material, é um processo aberto; o artista avança por um caminho pelo qual nunca passou antes, e, no caso do grande mestre, pelo qual nunca ninguém passou. Os criadores de arte fazem experiências. Testam suas fantasias no material, no material de sua fantasia que está sempre assumindo novas formas. A qualquer momento podem ir por aqui ou por ali. Podem sair dos trilhos, e depois dizer a si mesmos quando dão um passo atrás: "Isto não funciona, não soa bem, não está bom. É fácil, trivial, se desmorona, não se une numa estrutura firme e integrada." Portanto, não é apenas a dinâmica interna do fluxo-fantasia, nem apenas a corrente de conhecimentos que estão envolvidas na produção de uma obra de arte, mas também um elemento controlador da personalidade, a consciência artística do produtor, uma voz que diz: "Agora sim, está como deve ser; deste jeito soa bem, parece bom, sente-se bem, e não daquela outra maneira." Se a produção se move ao longo de trilhas conhecidas, esta consciência individual fala com a voz dos padrões sociais de arte. Mas, se os artistas ampliam este padrão conhecido, como aconteceu com Mozart em seus últimos anos, têm de contar com sua própria consciência artística. Quando imergem em seu material, têm que se decidir rapidamente se a direção em que sua fantasia espontânea os está conduzindo enquanto trabalham combina, ou não, com sua dinâmica imanente.

Portanto, também neste nível há uma reconciliação e fusão de duas correntes ou tendências originalmente conflitantes dentro do artista — pelo menos naquelas sociedades em que a produção de obras de arte constitui atividade altamente especializada e complexa. Tais sociedades requerem de seus membros adultos uma diferenciação muito ampla das funções do id, ego e superego. Se o fluxo-fantasia libidinal flui para o material de maneira relativamente descontrolada pelo conhecimento e pela consciência, as formas artísticas podem parecer deslocadas e desconectadas, como acontece, por exemplo, com os desenhos dos esquizofrênicos. Elementos inadequados, que significam alguma coisa apenas para seu criador, aparecem justapostos. As regularidades intrínsecas do material, pelas quais os sentimentos e as visões do artista podem ser comunicados a outros, são usadas desajeitadamente ou são violadas, de modo que não conseguem desempenhar sua função socializante.

O pináculo da criação artística é alcançado quando a espontaneidade e a inventividade do fluxo-fantasia se fundem de tal maneira com o conhecimento das regularidades do material e com o julgamento da consciência do artista, que as fantasias inovadoras surgem como por si mesmas, satisfazendo as demandas tanto do material, como da consciência. Este é um dos tipos de processos de sublimação mais frutíferos socialmente.[33]

Mozart é um representante deste tipo em sua forma mais clara. Em seu caso, a espontaneidade do fluxo-fantasia em grande parte permanecia íntegra quando convertida em música. Muitas vezes as invenções musicais fluíam dele como os sonhos emanam de uma pessoa que dorme. Alguns relatos dizem que, às vezes, enquanto em companhia de outras pessoas, ouvia secretamente, dentro de si, uma peça musical que ia tomando forma. Então pedia desculpas e saía apressadamente, diz o relato; após algum tempo, voltava, satisfeito. Acabara de "compor" uma de suas obras.

33 Chamar estas transformações das forças libidinais de "mecanismo de defesa" é indicar apenas uma de suas funções. Na terminologia psicanalítica pode-se dizer que, através da sublimação, reconciliam-se as três instâncias que Freud descreve como separadas — ego, id e superego.

O fato de que em tais momentos uma obra se componha por si mesma, por assim dizer, não resultava apenas da fusão de seu fluxo-fantasia com seu conhecimento artesanal do timbre e do alcance dos instrumentos de sua época ou das formas tradicionais de música. Surgia também da união de ambos, conhecimento e fantasia, a uma consciência artística altamente desenvolvida e sensível. O que sentimos ser a perfeição de muitas de suas obras deve-se igualmente à sua rica imaginação, ao seu conhecimento muito amplo dos componentes da música e à espontaneidade de sua consciência musical. Não obstante sejam muitas as inovações de sua fantasia musical, nunca escolheu uma nota errada. Conhecia com "certeza sonâmbula"* quais figuras sonoras — dentro da estrutura do padrão social em que trabalhava — se ajustavam à dinâmica imanente da música que estava escrevendo, e quais devia rejeitar.

A inspiração vem. Algumas vezes se desenrola por si mesma, como os sonhos de uma pessoa que dorme, deixando sua marca mais ou menos completa no gravador que chamamos de "memória", de modo que o artista pode inspecionar suas próprias ideias como um espectador que observa o trabalho de outro. Pode examiná-las como se à distância, elaborá-las e corrigi-las ou, se sua consciência artística hesita, piorá-las. Diferentes das ideias dos sonhos, as ideias do artista sempre estão ligadas ao material e à sociedade. São uma forma específica de comunicação, que pretende arrancar aplausos, acolhida positiva ou negativa, despertar alegria ou raiva, palmas ou vaias, amor ou ódio.

Tal sintonização permanente com o material e com a sociedade, conexão que pode não ser aparente à primeira vista, está longe de ser acidental. Cada um dos materiais característicos de um campo artístico particular tem suas próprias regularidades inexauríveis e uma correspondente resistência ao desejo do criador. Para que uma obra de arte venha a existir, o fluxo-fantasia pessoal deve ser transformado de maneira a poder ser representado em um de tais materiais. O produtor de arte — não importa quão espontânea seja a fusão entre material e fantasia — constantemente tem que resolver as tensões que surgem entre ambos. Só então a fantasia pode tomar forma,

---

* Ver a explicação da expressão na p.106. (N.T.)

tornar-se parte integral de uma obra e portanto tornar-se comunicável, capaz de produzir uma resposta em outros, mesmo que não necessariamente entre os contemporâneos do artista.

No entanto, isto também significa dizer que, sem esforço, nenhum artista é um criador de obras de arte — nem mesmo Mozart. O altíssimo grau de fusão entre seu fluxo-fantasia e a dinâmica imanente de seu material, a espantosa facilidade com que longas sequências de figuras sonoras vêm à sua consciência, sua inventividade que se mistura, como se por vontade própria, com a ordenação imanente de sua estrutura sequencial, de maneira alguma o eximia da tarefa de trabalhar o material sob o exame de sua consciência. De qualquer forma, ele uma vez comentou, já perto do fim da vida, que lhe era mais fácil compor do que não fazê-lo.[34]

Trata-se de uma declaração reveladora, e há boas razões para se acreditar que seja autêntica. À primeira vista, pode soar como a afirmação de um favorito dos deuses. Porém, olhando mais de perto, descobrimos que estamos diante da confissão, muito dolorosa, de um homem atormentado.[35]

Talvez esta breve discussão sobre as estruturas de personalidade que agiam numa pessoa tão surpreendente quanto Mozart, e não apenas nele, contribua para tornar menos plausível a maneira usual de falar do Mozart-homem e do Mozart-artista, como se fossem duas pessoas diferentes. Antigamente, o Mozart-homem era idealizado, de maneira a fazê-lo adequar-se à ideia preconcebida de gênio. Hoje, por vezes, há uma tendência a se tratar o Mozart-artista como uma espécie de super-heroi e o

34 Carta de setembro de 1791 a da Ponte (cuja autenticidade foi questionada): Hildesheimer, op.cit., p. (?)

35 Mozart, em seu desejo insatisfeito de amor, sofreu muito e enfrentou tal sofrimento criando obras que muitas vezes são graciosas e alegres, e algumas vezes profundamente comoventes. O fato de não ter conseguido o sucesso desejado com tais obras se deveu, de maneira importante, à sua consciência extremamente rigorosa. Mozart percebia seu talento, do qual era bastante ciente, como uma obrigação, e recusou-se a traí-lo, mesmo quando isto poderia ter tornado sua vida mais fácil. Claro, não era apenas uma decisão. Era, em parte, um impulso inconsciente, mas *também* uma decisão. E porque, sem hesitar, seguiu sua consciência chegando ao ponto de arriscar o resultado final, pagando por isso com a perda do amor e do aplauso do público, de que também necessitava, por tudo isso merece — como um homem que era um artista — a admiração e a gratidão da posteridade.

Mozart-homem com um leve desprezo. Não é este o julgamento que ele merece. Tal julgamento se apoia, da mesma maneira, na ideia antes mencionada de que sua capacidade musical era um dom natural, herdado, sem nenhuma conexão com o restante de sua personalidade. Para corrigir tais ideias, devemos nos lembrar que um amplo conhecimento musical e uma consciência altamente desenvolvida estavam indissoluvelmente ligados a sua criação musical. Muitos dos comentários padronizados sobre Mozart neste contexto, afirmações como "Mozart simplesmente não entendia a si mesmo", reforçam a ideia de que a consciência artística é uma das funções inatas de uma pessoa, e portanto de Mozart. Mas a consciência, qualquer que seja sua forma específica, não é inata a ninguém. No máximo, o potencial para formar uma consciência é um dote humano natural. Tal potencial é ativado e toma forma numa estrutura específica através da vida de uma pessoa com outros. A consciência individual é específica à sociedade. Isto se vê na consciência artística de Mozart, em sua sintonia com uma música tão peculiar quanto a da sociedade de corte.

Os anos de formação de um gênio

Ninguém pode pretender hoje em dia responder à pergunta de como chegou a existir um talento tão extraordinário quanto o de Mozart. Mas é possível definir a questão de maneira mais clara, e indicar as direções em que se pode encontrar as respostas. Também neste aspecto, o caso individual tem significância paradigmática. Interessa a todos, de algum grau, a questão de como surge um talento criativo singular.

Mozart teve uma infância muito especial. Ainda hoje em dia ele é visto como o prodígio *par excellence*. Aos quatro anos ele era capaz, em muito pouco tempo, de aprender a tocar peças musicais bastante complexas, sob a instrução do pai. Aos cinco começou a compor. Antes de completar seis anos o pai levou-o, e a irmã, em sua primeira *tournée* de concertos a Munique, onde ambas as crianças tocaram para o Eleitor da Baviera, Maximilian III. Mais tarde, em 1762, os três Mozart foram para Viena, onde tocaram para a corte imperial e outros públicos. Wolfgang Mozart, embora delicado e doentio, era admirado e louvado em todos os lugares por seu extraordinário talento musical. O enorme sucesso que Leopold Mozart obteve exibindo os filhos, especialmente o filho, em Viena, levou-o a organizar uma "*tournée* mundial" pelos palácios e cortes da Europa.

Do ponto de vista sociológico, as *tournées* de concertos da família Mozart mostram sua situação peculiar, e em alguns aspectos única, enquanto *outsiders*. Da atrasada Salzburgo, onde o tocador de clarim e o pasteleiro da corte estavam entre seus amigos mais íntimos, foram subitamente projetados, desde a viagem a Viena, aos mais altos níveis da sociedade. A 16 de outubro de 1762, o pai de Mozart escreveu para casa dizendo que, em Linz, o jovem conde Palfi tinha ido ao concerto do menino, então com seis anos. Através dele as novidades da temporada chegaram à imperatriz; seguiu-se o convite para um concerto na corte. Leopold Mozart descreve o evento da seguinte maneira:

> Agora só tenho tempo para dizer, com muita pressa, que Suas Majestades nos receberam com bondade tão extraordinária que, quando eu contar, as pessoas vão dizer que é invenção minha. Basta dizer que Wolferl pulou no colo da imperatriz, pôs os braços em seu pescoço e beijou-a calorosamente. Em resumo, ficamos lá das três horas às seis, e o próprio Imperador veio da sala vizinha, e fez-me entrar para ouvir a Infanta tocar violino. No dia 15, a imperatriz enviou-nos o Pagador Privado que nos trouxe, com grande pompa, duas roupas, uma para o menino e a outra para a menina. Logo que venha a ordem, eles devem ir para a corte, e o Pagador Privado irá buscá-los. Hoje, às duas e meia da tarde, eles devem ir para o palácio dos dois arquiduques mais jovens e às quatro horas para o do chanceler da Hungria, conde Palfi. Ontem estivemos com o conde Kaunitz, e no dia anterior com a condessa Kinsky e mais tarde com o conde von Ulefeld. E já temos mais compromissos para os próximos dois dias.[36]

E assim era, dia após dia. A imperatriz mandou dar cem ducados ao pai de Mozart, através de seu pagador; uma única academia resultava em seis ducados, e alguns grandes nobres para quem as crianças tocaram deram apenas dois ducados. A 19 de outubro Leopold Mozart mandou a um comerciante, seu amigo, 120 ducados para serem investidos com segurança, mas parte do dinheiro deveria ser usada na compra de uma carruagem, "para dar mais conforto às crianças".[37] Para o menino de seis anos, esta *tournée,* como todas as outras que se seguiriam mais tarde, era um trabalho exaustivo. Caiu doente com escarlatina e os concertos tiveram de ser interrompidos por algum tempo. Pôde ficar na cama e descansar.

Isto é uma pequena amostra da vida que os Mozart, especialmente pai e filho, deveriam levar — com interrupções — até este completar 21 anos.

Quando o filho tinha sete anos, Leopold Mozart levou-o, com a mulher e a filha, a uma grande viagem pela Europa. Ficaram

---

36 *LMF,* p.6.
37 *LMF,* p.7.

fora mais de três anos. Onde quer que as crianças aparecessem, causavam sensação, especialmente o menino. Tocava piano como um adulto, fazia todos os truques que lhe eram pedidos como, por exemplo, tocar com o teclado coberto, ou com um dedo apenas. Tinha contato permanente com os "grandes" da terra. Em Paris e em Londres toda a família foi convidada para a corte. Tudo isto era muito estimulante e surpreendente para a criança, mas era também um trabalho exaustivo. Em cada lugar o pai organizava tantas apresentações quantas fossem possíveis, e elas rendiam dinheiro. Pois como poderia ele pagar a viagem, se não fosse com a renda dos concertos? Assim como as *tournées* de concerto dos artistas contemporâneos, a viagem era um empreendimento comercial. Ao mesmo tempo, para ele e para o filho, era uma fonte de completa realização.

De qualquer forma, o que ele ou as crianças recebiam dependia da boa vontade das nobres assembleias. Naqueles dias o pagamento de um artista, de um virtuose, era ainda tratado como um presente *ex gratia*, na tradição da corte absolutista. Nunca se podia prever a quantia; dependia da generosidade do príncipe ou dos nobres para quem se tocava. Alguns eram munificentes, outros — a maioria — ficavam aquém da expectativa de Leopold Mozart. No começo, suas cartas dão a impressão de que os lucros com a vida de músicos itinerantes pelas cortes e palácios da Europa eram muito satisfatórios. Por algum tempo, a família prosperou. Mas, à medida que os prodígios ficavam mais velhos, sua fama ia se esvaindo. Na segunda visita a Paris a recepção foi consideravelmente mais fria do que na primeira, e os rendimentos proporcionalmente menores. Mesmo assim, a viagem, que terminou com sua volta a Salzburgo em 29 de novembro de 1766, parece ter trazido à família uma renda maior do que em Salzburgo.

Em 1767 os Mozarts viajaram de novo para Viena, onde chegaram no meio de uma epidemia de varíola. Tiveram uma audiência com a imperatriz Maria Teresa e seu filho, José II. Leopold Mozart aceitou a sugestão do imperador para que o filho compusesse uma ópera — em grande parte porque esperava, com isso, calar finalmente as vozes invejosas. Mozart, então com doze anos, escreveu sua primeira *opera buffa* (*La finta semplice*) na primavera e verão de 1768; no entanto, a apresentação foi impedida pela administração do teatro. No final do verão daquele mesmo ano, escreveu *Bastien und Bastienne*, um *Singspiel* que pouco depois teve sua primeira apresentação no teatro ao ar livre do famoso Dr. Mesmer. Desta vez a família ficou fora de Salzburgo por quase um ano e meio, até janeiro de 1769.

Em 1770 pai e filho foram para a Itália, onde o jovem Mozart viveu novos triunfos. Passou num exame na Accademia Filarmonica di Bologna que teria sido difícil para a maioria dos músicos adultos, e começou a escrever uma *opera seria* (*Mitridate, Rè di Ponto*) para o teatro dessa cidade, mas cuja primeira apresentação se deu em Milão, no mês de dezembro. Em março de 1771 pai e filho retornaram a Salzburgo, mas em agosto partiram de novo — Mozart tinha então quinze anos — para uma segunda viagem à Itália, estando de volta a Salzburgo no final do ano. Embora Leopold Mozart tivesse o cargo de regente substituto na corte de Salzburgo, o velho príncipe-arcebispo era indulgente, desde que não tivesse que pagar seu salário enquanto ele estivesse fora. Após sua morte, em 1772, o novo príncipe-bispo, o conde Jerome Colloredo, impôs um regime mais rígido.

O período de 1756 a 1777 talvez pudesse ser chamado de anos de aprendizado de Mozart. Se examinarmos mais cuidadosamente estes anos, veremos evaporar ante nossos olhos a ideia de que o "gênio" estivesse presente desde o início, independentemente das experiências da juventude de Mozart, seguindo apenas suas regularidades internas e chegando à maturidade em obras como *Don Giovanni* ou a Sinfonia *Júpiter*. Fica claro que a peculiaridade de sua infância e seus anos de aprendizado estão indissoluvelmente ligados às peculiaridades da pessoa de Mozart a que se aplica o conceito de gênio.

Que tipo de imagem temos do jovem Mozart? Entre os testemunhos do início de sua vida, há uma narrativa sobre a rara sensibilidade auditiva da criança e sua intensa, hipersensitiva necessidade de amor. Um amigo da família, o trumpetista da corte de Salzburgo, Schachtner, nos diz: "Até mesmos as brincadeiras de criança tinham de ser acompanhadas por música, para terem algum interesse para ele. Quando levávamos os brinquedos de um quarto para o outro, aquele de nós que não carregava nada tinha de cantar uma marcha ou tocar flauta." E: "Até perto dos dez anos ele tinha um medo invencível do clarim, quando tocado sozinho, sem outros instrumentos. Apontar um clarim para ele era como apontar uma pistola carregada para seu coração."[38] Sua hipersensível necessidade de amor também é descrita por esta testemunha: "Como eu lhe desse atenção (...), ele gostava tanto de mim que acontecia de me perguntar dez vezes em um dia se eu gostava dele. E se eu, só de brincadeira, lhe dissesse que não, vinham-lhe lágrimas aos olhos."[39]

Parece que, em sua necessidade de amor, Mozart tornou-se inseguro desde cedo. Sua sensação de não ser amado foi confirmada seguidas vezes, em suas diversas experiências ao longo dos anos, e a intensidade de seu desejo insatisfeito de ser amado, perceptível como um desejo dominante em toda a sua vida, em grande parte determinou o que tinha ou não sentido para ele. Em criança ele precisava de reafirmações constantes de amor, e se esta necessidade não fosse satisfeita mostrava abertamente sua tristeza e desespero. Sua sensibilidade especial, sua vulnerabilidade à rejeição é muito clara nas lembranças de Schachtner. Parece que ele não tinha nenhuma defesa contra isso.

Depois de adulto, não ficou menos sensível e vulnerável. A busca de provas de amor, amizade e afeição, atrás da qual se percebe algo de ódio a si mesmo, um sentimento de não ser digno de amor, continuou sendo um de seus traços dominantes. Numa carta em que conta ao pai seu iminente casamento com Constanze Weber, no final da frase que termina com "e ela me ama de todo o coração", coloca, sem dúvida inadvertidamente, um ponto de interrogação.[40] Em outra carta, para a esposa, cita uma frase de sua *A flauta mágica*: "A morte e o desespero foram a sua recompensa" — quer dizer, a recompensa dos homens que confiam nas mulheres.[41]

38 *Mozart. Die Dokumente seines Lebens*, reunidos e anotados por Otto Erich Deutsch. Basileia/Londres/Nova York, 1961, p.395. Cf. Erich Schenk: *Mozart, sei Leben — seine Welt*, 2ª ed., Viena/Munique, 1975, p.48-51.

39 Idem, p.395 e seg.

40 15 de dezembro de 1781: *LMF*, p.784. Cf. Hildesheimer, op.cit., p.253 [ed. bras.: p.207].

41 11 de junho de 1791: *LMF*, p.954. Cf. Hildesheimer, op.cit., p.321 [ed. bras.: p.262].

Nesses últimos anos, Mozart lutou para esconder sua vulnerabilidade. Protegia-se dela com um humor muitas vezes sombrio e rude, mas, acima de tudo, esquecendo, não percebendo, manifestando indiferença às desatenções e às derrotas. Bem, é claro, havia a música, especialmente a composição. Pode ser que, desde cedo, a música já o ajudasse em suas dificuldades. Por longos períodos, ela indubitavelmente granjeou-lhe amor e admiração. Quando o sentimento de não ser amado e de solidão se tornava muito forte, ela deve ter sido um conforto e um refúgio. No final, no entanto, ele já não podia fechar os olhos; seu fracasso, a não realização de sua necessidade de amor, a falta de sentido de sua vida eram indisfarçáveis. E assim ele desistiu e morreu — aparentemente sem sucesso, enquanto o sucesso e a fama o esperavam na outra esquina.

O pai de Mozart, também músico, ensinou-o a tocar piano provavelmente quando ele tinha três anos. Pode ser que, muito cedo, ele lhe tenha despertado a tênue esperança de alcançar a desejada ascensão social, que apenas em parte tinha conseguido por seus próprios esforços. Sem dúvida alguma, dedicou mais tempo ao menino do que o normal. Leopold Mozart tomou posse do filho e, como pai do prodígio, viveu a vida que lhe tinha sido negada até então. Por vinte anos, até a viagem a Paris com a mãe, Mozart viveu — e viajou — quase sempre com o pai. Estava sempre com ele, sempre sob sua vista e proteção. Não há dúvida de que nunca foi à escola. Toda a sua educação, sua precoce educação musical, seu conhecimento de línguas e cultura — tudo foi adquirido com a ajuda do pai e segundo seus preceitos.

Há, portanto, boas razões para dizer que Leopold Mozart tentou realizar-se na vida através do filho. Não é o caso de perguntar se ele estava certo ao fazer isto. Quando a realização da vida está em jogo, as pessoas muitas vezes são sem escrúpulos. Por vinte anos o pai trabalhou sobre o filho, quase como um escultor e sua escultura — sobre o "prodígio" que, como costumava dizer, Deus tinha lhe dado como um favor do céu, e que não teria se tornado o que era sem o trabalho incansável do pai. Em setembro de 1777, teve de ver pela primeira vez o filho partir sem ele para lugares distantes, senão perderia sua posição junto ao novo príncipe-bispo. Por outro lado, esta viagem a Paris, que ele financiava, era absolutamente necessária para suas próprias esperanças quanto ao futuro. E assim, preso entre impulsos conflitantes, fez com que pelo menos a mãe fosse com Wolfgang, enquanto ele ficava em casa, profundamente arrasado — conforme escreve — com sintomas de doença e de séria depressão. Entre as figuras familiares no cenário psicoterapêutico de nossos dias está a "mãe possessiva". Menos comum, pelo menos de nosso ponto de vista presente, é o pai possessivo. Leopold Mozart poderia servir como exemplo.

Mais uma vez deve-se acrescentar que esta conclusão é apenas uma hipótese de diagnóstico. Quem pode ter a pretensão de ser juiz em tais assuntos? O objetivo é compreender um pouco melhor um grande homem, Wolfgang Amadeus Mozart, a quem a humanidade deve muitos prazeres. E isto não pode ser feito de maneira completa sem considerar os pais, e neste caso, o pai, em especial.

Vamos recapitular rapidamente: Leopold Mozart vinha de uma família de artesãos. O pai e o irmão eram encadernadores em Augsburgo. Tem-se uma ideia do *status* da família quando se sabe que o jovem Mozart, ao parar em Augsburgo, em sua viagem a Paris, foi recebido por um patrício proeminente, e o irmão de Leopold teve de esperar do lado de fora até o sobrinho reaparecer.[42]

Não é preciso contar, aqui, como Leopold Mozart abriu caminho da posição de artesão para a de músico da corte e regente substituto. Era um passo adiante — provavelmente também a seus olhos — mas não tão grande assim, bem menor do que ele esperava. Escreveu um manual para violino que foi bem recebido e tornou seu nome conhecido, bem como várias composições que, para todos os efeitos, não eram nem melhores nem piores do que inúmeras outras. Sob o regime flexível do velho príncipe-arcebispo estava bastante satisfeito com seu trabalho em Salzburgo, muito embora, mesmo antes do nascimento do filho, aparentemente já estivesse procurando — talvez com a ajuda do manual de violino — uma posição melhor numa corte mais rica e maior. Já o regime mais rígido do conde Colloredo lhe parecia opressivo, na verdade, intolerável. Mas, que podia fazer? No

42 Carta de Mozart, de 14 de outubro de 1777: II, p.54.

fundo, era um homem orgulhoso. Estava bem consciente de sua superioridade intelectual em relação à maioria dos lacaios da corte; tinha muito interesse pelos acontecimentos políticos de seu tempo e, como mostram as suas cartas, tinha uma impressionante capacidade de observar e entender o que ocorria nas cortes do mundo.

Seu filho Wolfgang escreveu-lhe, na viagem para Paris, que odiava a bajulação.[43] E, na verdade, esta era uma das características mais marcantes de Mozart: por mais que frequentasse os círculos aristocráticos ou cortesãos, ele não cumpria os rituais dos séquitos, não bajulava ou se rebaixava. Leopold Mozart provavelmente não era menos orgulhoso. Mas, para não reverter ao *status* de artesão ou se ver na rua, não tinha muitas outras escolhas além de desempenhar o papel de cortesão — e o modo *como* fazia isso pode ser observado num retrato de 1765, sua boca um tanto amarga e seus olhos desconfiados.[44] Curvava-se e fazia rapapés, adulava e se aviltava, embora recusasse esta acusação quando feita pelo filho. Algumas vezes sua adulação era tão exagerada que, por trás, percebia-se o constrangimento. O pai Mozart era melhor que o filho ao aparentar as maneiras da corte, mas isto não tinha se tornado uma segunda natureza para ele.

A pessoa que vemos nas cartas é um homem com pontos de vista especificamente burgueses, cuja sabedoria e perspicácia estão muitas vezes em contradição com sua amargura, suas negras depressões, seu medo pânico e sua má-consciência. Não era um homem simples. Esposava as doutrinas do Iluminismo mas depois que, já sem esperanças, a filha se recuperou de uma grave doença, imediatamente mandou rezar missas em várias igrejas de Salzburgo, como, sem dúvida, tinha prometido aos santos na hora de maior medo. Era um racionalista aos moldes da época, e ao mesmo tempo um firme devoto das crenças miraculosas da Igreja. Justificou o plano de uma *tournée* de concertos com os dois filhos mediante o argumento anti-iluminista

43 Carta de 10 de dezembro de 1777: II, p.179; resposta do pai: II, p.191. Cf. as cartas das semanas em que Wolfgang se emancipou do pai e do príncipe-bispo (maio/junho 1781): III, p.115, 127.

44 Reproduzido em Hildesheimer, op.cit., após a p.152 [ed. bras.: p.64.]

de que era obrigado a "anunciar ao mundo um milagre, que Deus permitiu que acontecesse em Salzburgo. Devo este ato ao Deus Todo-Poderoso, caso contrário eu seria a mais ingrata das criaturas. *E se for meu dever convencer o mundo deste milagre, é agora que devo fazê-lo, quando as pessoas estão ridicularizando qualquer coisa que seja chamada de milagre e negando todos os milagres.*"[45]

Também com respeito ao filho ele parecia estar em guerra consigo mesmo. Atormentado pela culpa, muitas vezes oscilava entre o dever que se atribuíra e que dava significado à sua vida, de fazê-lo "grande" através da disciplina e do trabalho incessante, e o carinho pela criança, que ele realmente sentia. Um trecho de outra carta deixa isto claro:

> Deus, que tem sido bondoso demais comigo, um miserável pecador, outorgou tantos talentos a meus filhos que, à parte meus deveres como pai, eles me estimulam a sacrificar tudo em prol de seu desenvolvimento. Cada momento que perco está perdido para sempre. E, se alguma vez suspeitei que o tempo é precioso para a juventude, agora tenho certeza. Você sabe que meus filhos estão acostumados ao trabalho. Mas se, com a desculpa de que uma coisa impede a outra, eles devessem se acostumar às horas de ociosidade, todo o meu plano ruiria em pedaços. O hábito é uma camisa de ferro. E você mesmo sabe como meus filhos, especialmente Wolfgang, têm que aprender.[46]

Certa vez escreveu que desejava ser não apenas pai, mas o melhor amigo do filho.[47] Mas, ao mesmo tempo, sempre conseguia persuadi-lo, pela força superior da argumentação, a fazer o que ele achava certo. Leopold Mozart tinha estudado num colégio jesuíta. No tratamento que dava aos filhos guiava-se, até certo ponto, pelos modelos que foram impressos em sua mente na escola. Como homem do Iluminismo, não batia nos filhos. Substituiu as pancadas por um castigo igualmente efetivo — e

45 Carta de 30 de julho de 1768: *LMF*, p.89. Cf. Schenk, op.cit., p.54.
46 10 de novembro de 1766: *LMF*, p.68-9. Cf. Wilhelm Zentner, *Der junge Mozart*, Altötting, 1946, p.67.
47 Carta de 20 de julho de 1778: II, p.413.

não menos doloroso: o intelecto. Em suma, como muitos racionalistas com dons pedagógicos, ele tinha o hábito de subjugar o ensino ao desejo pessoal do professor através da lógica fria do argumento impessoal e de seu próprio conhecimento mais amplo.

Portanto, foi nessa escola que Mozart cresceu, ligado a um pai para quem o sucesso social e financeiro do filho na infância e adolescência representou a última e única possibilidade de escapar a uma situação insuportável e alcançar o sentido e realização na vida.

Até certo ponto, a necessidade do pai combinava com a necessidade do filho, pelo menos enquanto este era pequeno. Sua esperança de chegar, através do filho, ao que ele próprio não conseguira por si próprio, encontrou resposta na grande necessidade de amor sentida pela criança, a quem os estímulos musicais do pai claramente davam prazer.

É bem possível, embora não se possa provar neste caso, que a sensibilidade auditiva das diferentes pessoas difira de acordo com sua constituição natural, e que Mozart tivesse, de nascença, uma sensibilidade rara. O que se pode provar, e portanto é mais fácil de entender, é a conexão entre a peculiar constelação humana que cercou a infância e a juventude de Mozart, e o desenvolvimento de seu talento especial e de tudo o mais que ele achava importante para sua realização. Aqui se reforçam mutuamente o desejo intenso de um pai — sujeito a frequentes sentimentos de culpa e a depressões — de alcançar sentido e realização na vida através do filho, e o intenso desejo de amor e afeto de uma criança emocionalmente insegura.

Não sabemos exatamente a parte que a mãe desempenhou nesta constelação; não há provas suficientes. Ela vinha de uma família também pertencente à classe dos artesãos e aparentemente era uma mulher calorosa, animada, paciente e com alguns interesses musicais. Até onde podemos perceber, submetia-se sem contestação nem dificuldade à autoridade do marido, como era comum entre as mulheres de sua classe. Wolfgang Mozart nasceu do que hoje se pode chamar de um casamento feliz do tipo antigo: o marido tomava todas as decisões, a mulher seguia-o com confiança absoluta em sua decência, afeto e superioridade intelectual. A mãe claramente se identificava por inteiro com a família; nas cartas, algumas vezes dizia "nós" quando seria de se esperar "eu".

Um filho que desenvolve faculdades muito pronunciadas que vão ao encontro da necessidade paterna de dar sentido à vida, e um pai cujo afeto e atenção vai ao encontro das necessidades da criança — este tipo de duplo vínculo certamente não é incomum. Mas aqui ele fica especialmente claro, porque as necessidades do pai e do filho se combinaram muito bem no estágio inicial de sua relação. Cada sinal de talento musical do filho deliciava o pai. Seu prazer se expressava na intensidade de seus esforços para desenvolver ainda mais os talentos do menino, em sua constante preocupação com a criança, no amor e afeição que lhe dedicava. Tudo isto deliciava a criança, estimulando-a a novas conquistas que prometiam mais amor.

Não há dúvidas de que este duplo vínculo também envolvia sentimentos negativos — particularmente porque quase sempre as crianças têm sentimentos muito ambivalentes. Mas as poucas fontes que temos daquele tempo mostram, acima de tudo, os aspectos positivos. Um biógrafo resume as evidências da seguinte maneira: "Ele era comoventemente ligado a seu 'Papa'. Toda noite, antes de ir para a cama, ele trepava na poltrona, cantava com o pai uma melodia extraída de um texto italiano e, ao final, dava um beijo na ponta do nariz de seu progenitor."[48]

Muitos anos mais tarde, quando o filho, arrebatado por um grande amor, quis se libertar deste duplo vínculo, o pai lembrou-lhe estas cenas infantis numa desesperada carta de advertência. Corria o ano de 1778, e Mozart tinha 22 anos. Estava completamente apaixonado por uma jovem de dezessete, irmã mais velha de sua futura mulher, e queria abandonar a viagem que o pai planejara a Paris para se dedicar a ensinar à sua amada e levá-la à Itália, onde ela alcançaria enorme sucesso como cantora. Era um plano insensato; ameaçava todas as esperanças que o pai havia depositado no sucesso do filho na capital francesa. Leopold Mozart tentou como pôde conter a raiva e desespero

48 Zentner, op.cit., p.32.

pelo projeto insensato do filho e por sua desobediência. Mas ele estava preso a Salzburgo, e o filho se encontrava longe, com a mãe, em Mannheim. Só através das cartas é que podia chegar ao filho, que lentamente estava fugindo a seu controle. Por isso recorda aquelas cenas infantis, nas muitas páginas de sua carta de 12 de fevereiro de 1778:

> Meu querido filho, imploro que leia esta carta cuidadosamente — e reflita sobre ela. Deus todo piedoso! já se foram aqueles momentos felizes quando, criança e menino, você nunca ia para a cama sem ficar em pé numa cadeira e cantar para mim *Oragna fiagata fa*, para no final dar beijos e beijos na ponta do meu nariz dizendo que quando eu ficasse velho você me colocaria numa caixa de vidro e me protegeria de qualquer golpe de ar, de modo que sempre pudesse me ter com você. Portanto, ouça-me, com paciência! Você conhece muito bem nossas dificuldades em Salzburgo — sabe da miséria que ganho, sabe por que mantive minha promessa de deixá-lo ir, e de todos os meus vários problemas. O propósito de sua viagem era duplo — conseguir um bom cargo permanente, ou, caso isto não acontecesse, ir para alguma cidade grande onde se possa ganhar muito dinheiro. Ambos os planos foram pensados para dar assistência a seus pais e ajudar sua querida irmã, mas acima de tudo para construir seu nome e reputação no mundo. Esta última, em parte foi alcançada em sua infância e adolescência; depende só de você ascender gradualmente a uma posição de destaque, como nenhum outro músico conseguiu. Você deve isto ao extraordinário talento que recebeu da beneficência de Deus; e agora depende de seu bom senso e de seu modo de vida a decisão de morrer como um músico comum, totalmente esquecido pelo mundo, ou como um *Kapellmeister* famoso, sobre quem na posteridade se vai ler. Se, capturado por alguma mulher, você vai morrer numa cama de palha, num quarto cheio de crianças famintas, ou se, após uma vida cristã levada em contentamento, honra e renome, deixará este mundo com sua família bem provida e seu nome respeitado por todos.[49]

Em sua resposta de 19 de fevereiro Mozart disse que nunca esperara outra coisa além da desaprovação do pai quanto à viagem com a moça (e a família dela), e: "Aqueles dias em que, de pé na cadeira, eu cantava para o senhor *Oragna fiagata fa* e acabava beijando a ponta de seu nariz realmente se foram;

---

49 *LMF*, p.475.

mas será que por causa disso eu o amo, obedeço e honro menos? Não vou dizer mais nada. Quanto à sua censura por causa da pequena cantora de Munique, devo confessar que fui um asno..."[50] Pouco depois, deixa escapar o comentário dúbio de que chegara a Munique "direto de Salzburgo, onde se perde o hábito de contradizer". Pode ter dito isto sobre o príncipe, mas sem dúvida alguma também se dirigia ao pai.

Esta carta reflete de maneira clara as pressões sobre Mozart. O desejo de escapar a esta sensação de confinamento, em que os problemas financeiros se misturavam à necessidade de respeito e de dignidade, oprimia-o tanto quanto sua posição insatisfatória na corte. Agora fica mais fácil entender por que, com poucos anos de idade, Leopold fez da educação do filho o propósito dominante de sua própria vida. Não é de surpreender que a força que impulsionava o pai e a pressão material que a reforçava tivessem sido transmitidas de maneira um tanto modificada para o filho.

Já se discutiu a importância de pertencer à segunda geração, de crescer numa família que provê estímulos intensos nas áreas em que a pessoa é dotada. Não sabemos se em seu primeiro ano de vida Mozart ouviu o pai tocando violino, mas não é improvável. O que se sabe é que, com muito pouca idade, ele já acompanhava as lições diárias de piano que o pai dava à irmã mais velha, Nannerl.

Logo o irmão mais novo experimentou a própria mão ao piano. A rivalidade entre irmãos é um dos impulsos mais fortes na primeira infância. Como muitas outras crianças na mesma situação, o jovem Mozart deve ter lutado por sua parcela do amor e atenção do pai imitando sua rival, batendo nas teclas como ela fazia. Notando, com prazer, o raro interesse prematuro do filho pelo som da espineta, e depois pelo do violino, o pai passou a lhe consagrar o amoroso interesse que anteriormente parecia estar reservado à irmã. O fato de o filho reagir a tais esforços pedagógicos absorvendo o material com uma velocidade e avidez que excediam em muito suas expectativas deve ter aumentado

---

50 *LMF*, p.485.

o afeto do pai pelo filho. E este afeto crescente levou o filho a realizações ainda mais notáveis.

O que primeiro espantou Leopold Mozart foi a extraordinária velocidade de compreensão do filho, para cujo desenvolvimento ele deve ter contribuído em muito. A raríssima acuidade e memória auditivas do jovem Wolfgang, e a segurança de sua percepção musical pareceram a Leopold um verdadeiro milagre. O ensino sistemático que deu ao filho, a partir dos três anos de idade, reforçou sua impressão. Era um programa rigoroso, com exercícios regulares, segundo um manual que o próprio pai compilou. O manuscrito foi preservado. Contém 135 peças, em geral sob a forma de minueto, metodicamente organizadas em termos de dificuldade. Algumas das primeiras tentativas de composição da criança também foram preservadas; levavam o pai a "lágrimas de admiração e alegria".[51]

Astuto e prudente que era, Leopold Mozart reconheceu as oportunidades que se abriam para ele e para a família. Daí em diante dedicou-se ao filho como pai, amigo, professor e empresário. Uma das expressões de tais atividades foi a longa série de *tournées* de concertos já descritas.

A educação de Mozart foi rígida. O que ela lhe deu em troca?

No saldo positivo do resultado, estava a riqueza única de estímulos musicais que recebeu em casa e em suas viagens. O pai primeiro buscou educar seu entendimento musical segundo as tradições da época. Começou do acervo de conhecimentos musicais que se tinha tornado padrão. Isto se adaptava a seu próprio gosto e ao do público, de cuja boa acolhida dependia, em particular, o êxito das *tournées* de concerto. O público não queria que lhe fosse servido nada de exótico, não desejava combinações de notas a que o ouvido tivesse de se acostumar. Queria ouvir peças no estilo familiar, talvez em sua última forma, mas nada difícil, excessivamente individualizado, que exigisse esforço. Em suma, o que se esperava de jovens artistas era música agradável, gentil. Podia ser difícil apenas no tocante à técnica, mas não quanto à sua estrutura. Os *virtuosi* eram admirados.

---

51 *Mozart. Die Dokumente seines Lebens*, p.396.

Assim, Mozart recebeu do pai um treinamento tradicional bastante completo. Dos três aos seis anos foi apresentado às obras da maioria dos compositores conhecidos da Áustria e do sul da Alemanha, e provavelmente também de alguns do norte da Alemanha. Mas em suas viagens ganhou um conhecimento muito mais amplo da vida musical da época. Em Paris conheceu as obras de Lully, Philidor, Johann Schobert e outros conhecidos representantes da Escola Francesa. Em Londres teve contato com as obras de Haendel, Johann Christian Bach e Karl Friedrich Abel, outro aluno de Bach. Em Viena ouviu composições de Georg Christoph Wagenseil e Georg Reutter, um dos professores de Haydn. Na Itália encontrou o Padre Martini, o principal mestre do contraponto naquele tempo. Ouviu as últimas óperas italianas e conheceu pessoalmente muitos de seus compositores. Também conheceu expoentes da Escola de Mannheim. Joseph Haydn impressionou-o profundamente; aprendeu muito com ele, que, por sua vez, tinha a maior admiração pelo jovem Mozart, e o disse em termos claros.

Muitos dos nomes que acabamos de mencionar não significam nada para uma audiência atual. Mas, para entender o que estas viagens com o pai significaram para Mozart e para seu desenvolvimento, eles devem ser mencionados, quanto mais não seja, por sua diversidade e alcance. Hoje em dia temos fácil acesso às últimas produções musicais de todas as partes do mundo, se assim o desejarmos. No tempo de Mozart, poucos jovens receberam educação musical tão abrangente quanto a dele — abrangente segundo os padrões da época.

É de se perguntar se Mozart, apesar de todos os seus talentos, teria se cristalizado, como o pai, no idioma musical da época, caso tivesse passado a infância apenas em Salzburgo (e se não tivesse sido capaz, mais tarde, de romper os laços com a cidade). Com toda a probabilidade, a diversidade das experiências musicais a que foi exposto em suas viagens estimulou sua inclinação às experiências e à busca de novas sínteses entre as várias escolas de seu tempo. Deve ter contribuído para sua capacidade especial de dar livre curso às suas fantasias musicais sem nunca perder o controle sobre elas.

É possível recompor como Mozart primeiro assimilou por imitação aquilo que recebia dos outros, no que foi ajudado por sua extraordinária memória musical. Só aos poucos, à medida que ia crescendo, foi capaz de promover a fusão entre o que aprendeu e suas próprias fantasias, de modo a produzir algo de novo, algo nunca ouvido antes. Um caderno de notas do período de Londres mostra-o, aos oito e nove anos, tentando juntar ainda de maneira tosca as impressões que recebia. A síntese, a elaboração do padrão preexistente numa linguagem musical individual foi um longo processo que exigiu muito esforço e sacrifício, e que dependeu, em grande parte, das circunstâncias de sua vida.

Claro, a oportunidade de aproveitar a riqueza de estímulos teria sido desperdiçada se a pessoa a eles exposta não tivesse a necessária receptividade. Mozart sem dúvida a tinha no mais alto grau. Sua familiaridade prematura e intensa com a música, a longa e rigorosa educação dada pelo pai, sua carreira estimulante mas laboriosa como prodígio, juntamente com a dura luta da família em busca de *status* e de sobrevivência financeira e a resistência dela contra a perpétua ameaça de mobilidade para baixo — tudo isso orientou o seu desenvolvimento individual para uma direção muito específica bem antes do que ocorre com a maioria das pessoas. Desde seu primeiro dia de vida foi continuamente exposto a diversos estímulos musicais, às diferentes sequências de violino e piano; ele ouvia o pai, a irmã e outros músicos ensaiando e corrigindo os erros. Não é de surpreender que logo tenha desenvolvido uma sensibilidade aguda às diferenças de tom, uma consciência musical altamente perceptiva que, por exemplo, por muitos anos tornou-lhe insuportável a impureza sonora do clarim.

De qualquer forma, quando ainda pequeno, o seu interesse não estava concentrado na música no mesmo grau em que aconteceu depois. O velho amigo da família, o tocador de clarim Schachtner, conta que o mais impressionante no menino era sua total absorção naquilo em que se ocupasse no momento: "Qualquer coisa que lhe dessem para aprender, ele se concentrava tão completamente que colocava tudo o mais, até mesmo a música, de lado. Por exemplo, quando aprendeu aritmética, a mesa, as cadeiras, as paredes e mesmo o chão ficaram cobertos de números feitos a giz." E um pouco antes: "Ele era todo entusiasmo; deixava-se cativar por qualquer assunto. Acho que se não fosse a educação exemplar que recebeu teria se tornado um canalha dos piores, tão suscetível era a qualquer estímulo, e ainda incapaz de discernir o bem do mal."[52] Aí está, inequivocamente. O menino primeiro mostrou uma rara capacidade de absorção em qualquer coisa que prendesse sua imaginação, uma susceptibilidade aos estímulos que não estava confinada à música.

A partir dos três anos, mais ou menos, o desenvolvimento de Mozart visivelmente se focalizou na execução e composição de peças musicais. Suas energias foram concentradas, desde muito cedo, em processos específicos de sublimação, em expandir áreas especializadas de consciência e de conhecimento, que ampliaram seu fluxo de fantasias instintivas em vez de se opor a ele. Várias observações mostram que tal concentração temporal pode ser extremamente importante. Até agora pouco se estudou sobre a função de tal concentração, começando cedo e continuando por muitos anos — que se encontra com mais frequência nas sociedades mais simples e nos círculos de artesãos do que nas sociedades industriais complexas — em sua relação com a estrutura de personalidade, com o aperfeiçoamento e com a integridade de um talento em desenvolvimento. Também por isto, vale a pena considerar a carreira de pessoas que receberam uma educação precoce e parcial de artista-artesão, e que mais tarde se mostraram extraordinariamente dotadas e inventivas.

Além disso, no caso de Mozart o pesquisador tem acesso a uma ampla documentação contemporânea, se bem que certamente incompleta. E ela indica muito claramente como era indissolúvel o vínculo entre a especialização artística bastante prematura de Mozart e seu desenvolvimento humano mais geral.

Primeiro sem perceber, depois cada vez mais conscientemente, o pai guiou os impulsos da criança, orientando assim boa parte de suas fantasias para este canal único, a busca da música. A educação intensiva que deu ao filho incluía algumas outras coisas. Mas o centro era a música, o treinamento de um *virtuose*. O exaustivo trabalho profissional que foi exigido de Mozart, tanto na infância como na juventude, guiou seu desenvolvimento para a mesma direção. E sua especialização musical também estava, sem dúvida, orientada pelo fato de que, apesar de todas as

---

52 *Mozart. Die Dokumente seines Lebens*, p.398, 396.

privações que seus trabalhos acarretavam, eles traziam-lhe intenso prazer e realização.

Em criança Mozart não pode ter sido insensível ao aplauso, afeto, amizade e gentileza das pessoas que encontrava em suas *tournées* de concerto. A imperatriz Maria Teresa, como já se mencionou, mandou para ele e a irmã roupas da corte mais do que elegantes, esplêndidas, que tinham pertencido aos membros mais jovens de sua própria família. O menino de sete anos fez refeições na mesma mesa que o rei e a rainha da França. O rei da Inglaterra, que amavelmente puxou conversa com ele depois de um concerto, encontrou por acaso a família Mozart no dia seguinte, quando esta passeava por Londres; ao passar por eles na carruagem, inclinou-se para fora e acenou para o menino diante de todos. O Papa conferiu-lhe uma distinção com o grau de cavaleiro, fazendo-lhe uma honraria pela qual o grande Gluck teve de esperar muito mais tempo (aliás, Mozart quase nunca usava o título). Ele era festejado. Escreviam-se poemas em sua honra. Eis um deles:

Ao pianista de seis anos de Salzburgo
Viena, 15 de dezembro de 1762...

Ó criança admirável, todos louvam teu talento
E te chamam de o maior e o menor músico.
A música reserva-te poucas surpresas,
E logo serás seu mestre supremo.
Só desejo que teu corpo resista à tua alma ardente,
E que não vás cedo para o túmulo, como o filho de Lübeck.[53]

Não foi esta a única voz contemporânea que mostrou preocupação com a vida perigosa que um prodígio levava. Já se tinham visto outros prodígios surgirem súbita e brilhantemente como fogos de artifício e se extinguirem de maneira igualmente fugaz. Também no caso de Mozart, as pessoas se perguntavam se não era uma planta de estufa. A suspeita de que tal criança tinha sido produzida rápido demais e de que seu talento não duraria era difícil de evitar e não era infundada. Nos seus

53 Schenk, op.cit., p.74.

primeiros vinte anos de vida, Mozart foi submetido a um regime estimulante, mas extremamente severo. O fato de que uma aprendizagem assim especializada o tenha capacitado a realizar feitos extraordinários em seu campo específico talvez seja menos surpreendente do que o fato de ela não ter provocado maiores danos a seu desenvolvimento geral como ser humano.

O louvor, a admiração e os presentes que recebeu pelas tarefas que tinha de realizar enquanto criança podem ter fortalecido a resistência de Mozart. Sua profunda incerteza amorosa, que nunca o abandonou no curso da vida, pode ter sido aliviada pela experiência de receber muito amor em forma simbólica por sua arte. Ao longo dos anos, a consciência crescente de seu valor como artista deu-lhe mais confiança e orgulho. Pode-se imaginar que a recompensa através deste sentimento lhe tenha tornado mais fácil suportar as limitações e os ônus de sua vida de prodígio itinerante. Pode tê-lo estimulado a se tornar um mestre em seu ofício.

É fácil perceber que, com tal tipo de educação e carreira, Mozart desde criança tenha se tornado um especialista altamente competente em seu campo. A educação precoce dada por um pai com uma consciência extremamente exigente, e que corrigia todos os erros musicais do filho com severidade, fez nascer na criança, como muitas vezes acontece, uma consciência não menos rigorosa, mas também de caráter muito diferente. O pai era um perfeccionista pedagógico; exigia o melhor de seus alunos e de si mesmo enquanto professor. O filho era um músico perfeccionista; sua consciência artística, através da fusão e reconciliação com um fluxo-fantasia purificado de todo conteúdo proibido, tornou possíveis realizações, primeiro como músico virtuoso, depois como compositor, que satisfaziam suas próprias exigências de perfeição.

Mas o processo não planejado de desenvolvimento no interior da própria família no qual se baseava este aspecto sublimatório da socialização musical de Mozart não tinha um preço baixo. Deu origem a certas peculiaridades de sua personalidade que, muitas vezes, são vistas como excêntricas. É para este ponto que temos que nos dirigir, a fim de compreender que uma pessoa não se divide em artista em um compartimento e ser humano no outro.

A juventude de Mozart — entre dois mundos sociais

O pai de Mozart, como já se disse, era cheio de contradições. Ele se via como uma pessoa genuinamente ilustrada, e no entanto se opunha ao Iluminismo. Vivia acossado por culpas, depressões e tinha uma consciência despótica; intelectualmente, senão como regente, era muito talentoso. Tinha interesse bastante vivo por todos os movimentos políticos à sua volta, por todas as novidades que via em suas viagens; seu horizonte mental provavelmente era mais amplo do que o da maioria de seus colegas da orquestra da corte de Salzburgo. A isto, combinava um secreto desprezo pelos dignitários da pequena corte episcopal que era obrigada, sem os meios suficientes, a macaquear a pompa de uma corte grande, e portanto a pagar uma orquestra própria, sem a qual uma corte seria impensável.

Para quem quiser visualizar a situação de um talentoso cidadão comum numa sociedade dominada por aristocratas de corte, não há nada melhor a fazer do que ler as cartas de Leopold Mozart. São o retrato vivo da posição inescapavelmente subordinada de um servidor burguês em tal mundo. Como o pai de Mozart teve de viver numa daquelas cortes pequenas, quase indigentes, sentiu com particular intensidade as restrições que pesavam sobre pessoas de seu tipo. Certamente não conseguia esconder por completo o desejo de escapar a esses limites — as viagens com o filho indicam isso. E elas não devem ter adoçado o ressentimento de um colega ou outro por alguém que, aparentemente, acreditava-se bom demais para a situação que ocupava.

Tampouco as *tournées* de concerto devem ter tornado Leopold mais querido pelos dignitários da corte de Salzburgo. Para eles, Leopold era um serviçal, de quem se esperava um comportamento compatível com sua posição inferior. Ele não tinha escolha, era obrigado a se conformar a tais expectativas. É neste estilo que se dirige ao seu senhor, o arcebispo:

> Com muita humildade imploro a Vossa Eminência não apenas me pagar pelo mês passado, mas, como favor especial, dar sua mais graciosa ordem no sentido de que a soma que ficou retida também me seja paga. Por maior que seja este favor, maiores serão os esforços que envidarei no sentido de tornar-me digno do mesmo e de pedir a Deus pelo bem-estar de Vossa Eminência.
>
> Eu e meus filhos mandamos nossos mais humildes cumprimentos a Vossa Eminência, nosso Príncipe e Senhor.
>
> Seu mais obediente
> LEOPOLD MOZART
> Vice-Kapellmeister[54]

A carta é datada de 8 de março de 1769. Os Mozart haviam passado o ano anterior em Viena, para dar ao jovem Wolfgang a oportunidade de demonstrar seu virtuosismo; como resultado, o salário do pai tinha sido suspenso em abril de 1768. Ele mesmo reconhecia que isto era inteiramente justificado, e reduziu a viagem à Itália que havia planejado na época. Mas como, sem dúvida, tinha enfrentado dificuldades financeiras em Viena, acabou solicitando algum pagamento atrasado. Apenas uma mínima parte de seu pedido foi atendida.

Leopold Mozart passava por um momento difícil. A *tournée* de concertos pela Itália com o filho só seria possível se a renda excedesse as despesas. Se isto iria acontecer, só os deuses sabiam. Por outro lado, não podia adiar mais a viagem: "Ou deveria eu, talvez, ficar em Salzburgo, sem nenhuma esperança de uma sorte melhor, esperar Wolfgang crescer, deixar que nos façam de tolos, a mim e a meus filhos, até que eu chegue a uma idade em que não possa mais viajar e ele chegue a uma idade e aparência física que não atraiam mais a admiração por seus méritos?"[55]

Como se vê, ele tinha plena consciência de que, à medida que Mozart fosse ficando mais velho, seu virtuosismo deixaria

54 *LMF*, p.95.
55 Carta de 11 de maio de 1768; *LMF*, p.85.

de ser uma atração especial nas cortes da Europa. Só tinha uma possibilidade de escapar definitivamente dos odiados limites da corte de Salzburgo: conseguir um posto para o filho numa corte diferente, maior, mais bem situada. Foi este o propósito da viagem à Itália e das viagens subsequentes.

Em muitas de suas cartas se encontram referências recorrentes a tal plano. Anos mais tarde, a mãe de Mozart, que o acompanhava em sua primeira viagem sem o pai, escreveu de Mannheim: "Espero, de verdade, que Wolfgang faça fortuna em Paris rapidamente, de modo que você e Nannerl possam logo vir nos encontrar."[56]

A questão é sempre a mesma: como, sem afundar em dívidas, financiar a procura de uma colocação para o menino prodígio que crescia e de cujo sucesso dependiam a felicidade da família, a solução para a situação do pai em Salzburgo, e o próprio futuro de Mozart. A 15 de outubro de 1777, Leopold, então em Salzburgo, adverte o filho da seguinte maneira:

> lá você terá a vantagem, nada desprezível, de não ter de pagar pela comida, bebida e outras despesas, a respeito das quais as contas dos senhores normalmente fazem pesadas incursões em nossas bolsas. Agora me entenda. *Tais passos são realmente necessários e de seu interesse.* Todos os cumprimentos, visitas e coisas assim são apenas incidentais e não devem ser levados a sério. Porque você não pode perder de vista seu objetivo principal, que é fazer dinheiro. Todos os seus esforços, portanto, devem ser dirigidos para ganhar dinheiro, e você deve ter muito cuidado *em gastar o mínimo possível,* ou não conseguirá viajar de maneira honrosa e talvez até precise fixar-se num lugar qualquer e assim acumular dívidas.[57]

Em retrospecto, o plano de Leopold Mozart de usar os talentos especiais do filho para encontrar uma posição apropriada para ele e um refúgio para a família não parece ter tido grandes oportunidades de sucesso. Em todas as cortes havia uma concorrência acirrada dos músicos locais por qualquer posto vago. É certo que os príncipes e seus conselheiros procuravam para suas orquestras, teatros e igrejas, artistas de fora, bem conhecidos ou famosos. E *tournées* de concertos para mostrar seus talentos

---

56 Pós-escrito à carta de Mozart de 22 de fevereiro de 1778: *LMF*, p.489.
57 *LMF*, p.320.

eram um dos meios comuns de se procurar uma colocação. Mas, precisamente aquilo que tornava Mozart tão admirado em suas viagens, o fato de ser tão jovem, contava contra ele quando se tratava de achar um posto permanente. Leopold Mozart, ao que parece, não tinha um julgamento muito realista das condições básicas necessárias para o sucesso do filho.

Os membros da sociedade de corte europeia, particularmente os príncipes, se aborreciam com facilidade. Tinham obrigações que algumas vezes cumpriam conscienciosamente, outras, não. Mas não se tratava de obrigações no sentido de um trabalho profissional. Para eles, tal trabalho era, em si mesmo, uma característica das ordens inferiores, i.e., da burguesia e da massa popular. Enquanto classe ociosa, a aristocracia de corte exigia um programa completo de entretenimentos. Estes incluíam óperas e concertos dos músicos empregados na corte e exibições de *virtuosi* itinerantes — ou de um menino prodígio. A arte virtuosa de Mozart, acima de tudo seu poder de improvisação, era uma atração entre muitas, no variado programa de entretenimentos — sem dúvida, uma grande atração. Sempre que se apresentava, deixava a audiência espantada e deliciada com sua sensibilidade e perícia como pianista, violinista e organista.

Os membros aristocráticos de tais sociedades de corte viviam de rendas herdadas, principalmente o rendimento de estabelecimentos agrícolas da família, ou estipêndios de cargos na corte, no Estado ou na Igreja. Numa tal sociedade, o que chamamos de arte, a música em particular, tinha uma função distinta, e portanto um caráter distinto, do que assume em sociedades nas quais praticamente todos ganham a vida mediante um trabalho profissional regular. O consenso dos poderosos ditava o gosto nas artes. A música, como já se disse, não existia primariamente para expressar ou evocar os sentimentos pessoais, as tristezas e as alegrias das pessoas individualmente. Sua função primária era agradar aos senhores e senhoras elegantes da classe dominante. O que não quer dizer que nela não estivessem presentes as qualidades a que nos referimos com termos como "seriedade" ou "profundidade", mas, simplesmente, que ela tinha de se adaptar ao modo de vida dos grupos estabelecidos. Estava mais fortemente ligada a um padrão social, ao que chamamos de estilo, e a possibilidade de individualização do padrão era mais restrita do que no caso da música para as classes trabalhadoras e ocupacionais.

Nos círculos de corte havia muitos amantes da música. Mas o grande público da corte queria, acima de tudo, se divertir; queria variedade. Até mesmo o poder de atração de Mozart se dissolvia após algumas semanas, a sensação esmorecia — tanto em Viena, como em Nápoles ou Paris. Muito embora algumas pessoas, aqui e ali, continuassem a ser gentis com o prodígio e sua família, a grande maioria de conhecidos rapidamente perdia o interesse pelas apresentações. Acrescia-se a dificuldade de que, em tais viagens, o pai de Mozart também estava procurando uma colocação pessoal. E normalmente, quando se sabia disso, os interesses locais se mobilizavam contra ele.

Até onde se pode averiguar, nem o jovem Mozart, nem o pai tinham uma ideia clara deste aspecto estrutural da sociedade de corte. Nunca estiveram preparados para tal, e constantemente se surpreendiam pelo fato da rara capacidade artística de uma pessoa tão jovem ser recebida com crescente indiferença caso se demorassem mais do que algumas semanas em qualquer lugar, ou o visitassem uma segunda vez em breve espaço de tempo.

É difícil censurar Leopold Mozart por apostar tudo em uma única carta que, se examinada mais de perto, não oferecia muitas chances; na verdade, ele não tinha nenhuma outra carta na mão. Empenhou toda a sua capacidade treinando o filho para a tarefa de brilhar diante da sociedade de corte, primeiro como um *virtuose*, depois como compositor. Assumiu todos os outros deveres e compromissos. Era o empresário do filho, o responsável pela organização de seus concertos. Pagava os custos das viagens e tratava dos complexos problemas cambiais nas numerosas fronteiras territoriais. Até Mozart finalmente se tornar independente e se casar, por volta dos 25 anos, praticamente todas as suas questões financeiras passavam pelas mãos do pai, incluindo a publicação de suas composições. A 6 de outubro de 1775, Leopold Mozart escreveu da seguinte maneira para J. G. I. Breitkopf, em Leipzig: "Como decidi há algum tempo mandar imprimir algumas das composições de meu filho, gostaria que me dissesse, tão logo fosse possível, se lhe interessaria publicá-las, quais sejam, sinfonias, quartetos, trios, sonatas para violino e violoncelo, e mesmo sonatas solo para violino ou cravo."[58] O editor agradeceu pela gentil oferta que ele fazia em nome do filho, mas declinou, dados os tempos difíceis.

Tal solicitude pode ter sido conveniente para o jovem Mozart — ele só se interessava por sua música. Mas esta dependência era uma faca de dois gumes. Quando seu pai se viu impossibilitado de acompanhá-lo na grande *tournée* pelas cortes alemãs e depois a Paris, mandou a esposa em seu lugar, explicando a Wolfgang que não podia confiar nele para operações de câmbio de dinheiro e que nada entendia de empacotar coisas.[59]

Um pequeno episódio ilustra bem as relações entre os pais e o filho. Mozart e a mãe estavam prestes a deixar Munique; mais uma vez, suas esperanças de uma colocação tinham dado em nada. Não havia vagas na corte do Eleitor. Antes de partir, Mozart escreve uma longa carta ao pai. Desapontado com o fracasso pergunta, entre outras coisas, se não deveria tentar um contrato para uma ópera, uma *scrittura*, em Nápoles. Era bem conhecido por lá, argumenta; um amigo lhe dissera que se comentava em Nápoles que ninguém tocava como Mozart. Tinha então 21 anos, e nesta carta de 11 de outubro de 1777 expressa sentimentos característicos de seu afeto e sua atitude em relação ao pai:

> Posso escrever a carta para Nápoles quando quiser, mas quanto mais cedo melhor. Primeiro, no entanto, gostaria de ter a opinião do muito sábio Kapellmeister da corte, Herr von Mozart!
>
> Tenho um desejo inexprimível de escrever outra ópera. É um longo caminho a percorrer, bem sei, mas muito tempo ainda vai se passar antes que tenha de fazê-la. Muitas coisas podem acontecer até lá. Porém, penso que deveria aceitar. Se neste meio tempo não conseguir nenhuma indicação, *eh bien*, então posso voltar para a Itália. Ainda terei meus cem ducados garantidos no carnaval, e uma vez que tenha composto para Nápoles, receberei pedidos de todos os lugares. Além disso, como Papa bem sabe, há as *opere buffe*, aqui e ali, na primavera, verão e outono, que sempre se pode escrever para treinar e se ocupar. Não ganharei muito, é verdade, mas, de qualquer forma, é sempre alguma coisa; e trar-me-ão mais honra e crédito do que se eu desse cem concertos na Alemanha. E sempre fico mais feliz quando tenho algo para compor, porque,

58 *LMF*, p.265.
59 II, p.190.

afinal de contas, essa é minha única delícia e paixão. E se conseguir uma indicação ou tiver esperanças de me estabelecer em algum lugar, então a *scrittura* será uma excelente recomendação, que me dará prestígio e exaltará o meu valor. Mas tudo isso é apenas conversa — conversa que sai de meu coração transbordante. Se Papa puder provar conclusivamente que estou errado, então, terei de aquiescer, mesmo contra a vontade. Porque, para mim, basta ouvir alguém discutir uma ópera, basta sentar num teatro, ouvir a orquestra afinando os instrumentos — ah, logo fico fora de mim.[60]

Enquanto Mozart assim divagava, a mãe se ocupava com a laboriosa tarefa de fazer as bagagens. Teve apenas tempo e forças para acrescentar um pós-escrito na carta do filho: "E eu estou transpirando tanto que o suor escorre pelo meu rosto, apenas com o trabalho de empacotar. O diabo carregue todas as viagens. Seria capaz de trocar os pés pelas mãos, de tão cansada que estou. Addio. Beijo vocês dois, um milhão de vezes..."[61]

As informações não passam uma imagem da figura da mãe tão clara quanto a do pai. Aqui temos uma visão de relance — um instantâneo. Enquanto isso, o pai está sentado impacientemente em Salzburgo, começando novas cartas antes mesmo de receber a resposta da última. Sofre, censura e adverte: "Mas, por Deus, se vocês ficaram tanto tempo, quase três semanas, em Munique, onde não poderiam ganhar um tostão, estão mesmo indo muito bem neste mundo!"[62] Aprova a ideia do filho escrever para Nápoles. Mas não pode deixar de acrescentar: "Eu já tinha pensado nisso há muito tempo."[63] E, outra vez, a 15 de outubro: "O que você escreveu a respeito da ópera em Nápoles é também minha ideia."[64]

Podemos ver a cena diante de nossos olhos: a mãe fazendo as malas, o pai — preocupado com o revés e com as pressões financeiras — incapaz de deixá-lo ir. Somente na música permitia ao filho alguma independência. Dependia, em muito, do jovem fazer a opção certa do caminho a seguir. E Mozart vivia no meio de sonhos. Não se podia confiar em seus planos. E quando

60 *LMF*, p.305.
61 *LMF*, p.307-8.
62 12/13 de outubro de 1777: *LMF*, p.309.
63 *LMF*, p.310.
64 II, p.57.

sugeria alguma coisa sensata, o pai tinha tido a ideia antes. Ele pode mesmo ter negado o fato, mas podemos constatar que, para ele, o filho era ainda uma criança que precisava ser guiada em tudo, que lhe pertencia. E o filho aceitava: "Se Papa me convencer que estou errado, obedecerei."

Aquela carta dos 21 anos também continha algumas afirmações sobre si mesmo que continuariam verdadeiras até o fim da vida: "sempre fico mais feliz quando tenho algo para compor", e mais adiante: "basta ouvir alguém discutir uma ópera, basta sentar num teatro, ouvir a orquestra afinando os instrumentos — ah, logo fico fora de mim". Mesmo assim relativamente jovem, toda a existência social de Mozart, toda a sua paixão e intensidade se concentravam em ouvir e compor música. Era sua "única delícia e paixão". Isto pode parecer um tanto surpreendente num jovem que então tinha, e continuaria a ter no futuro, um interesse tão vivo pelas mulheres. Talvez ele tivesse menos desapontamentos com a música. Pouco antes de morrer, quando sua situação já era desesperadora, escreve: "Ainda estou trabalhando, porque sinto que compor me cansa menos do que descansar."[65]

Desde 1777 — como constatamos pela mesma carta — Mozart já brincava com a ideia que poria em prática alguns anos mais tarde. Em seu desapontamento com as tentativas fracassadas de conseguir uma renda razoavelmente segura através de uma colocação numa corte, sonha com a possibilidade de ganhar a vida com encomendas ocasionais, mais ou menos como um "artista autônomo" dos séculos XIX e XX. Daquela maneira, acreditava ele, poderia alcançar reputação. Quando tivesse convencido todo mundo da sua capacidade através de suas composições, especialmente óperas, e de sua virtuosidade, teria muitas oportunidades de ganhar dinheiro, a serviço de um príncipe, ou, como diríamos hoje, no "mercado livre". Esta ideia, e a razão pela qual constituía uma ilusão, merecem exame mais aprofundado.

Vamos descrever a situação da maneira mais vívida possível. Vemos um jovem com um talento musical raro, quase único. Todos os seus esforços estão voltados para a realização de seu talento através da composição, acima de tudo, de óperas. Embora

65 Carta de setembro de 1791 a da Ponte (sua autenticidade foi questionada); Hildesheimer, op.cit., p.193.

jovem, já havia produzido oito óperas, três das quais (*Mitridate, Ascanio in Alba* e *Lucio Silla*) tinham sido apresentadas e bastante aplaudidas na Itália. Sabe que pode fazer mais e melhor. E este é o seu desejo. Mas tem de viver, de ganhar dinheiro. E quando viaja pela Europa à procura de um emprego, se defronta com um muro impenetrável, em Viena, Munique, Augsburgo, Mannheim, Paris e outros lugares por onde passa. O problema claramente não era falta de reconhecimento pela abrangência de seu talento. Mas um homem tão jovem aspirar a realizações tão extraordinárias parecia, se lemos nas entrelinhas de suas cartas, assustar as pessoas responsáveis pela distribuição de cargos.

Por seu comportamento pessoal, sua concentração monomaníaca em sua arte, por sua maneira de lidar com as pessoas, Mozart realmente não se ajustava à sociedade aristocrática de corte. Uma comparação com outros membros da pequena burguesia que tinham conseguido ser admitidos naquela sociedade torna mais evidentes as suas dificuldades. Comparemos com Rousseau, por exemplo. Ainda muito jovem, fugiu da pequena burguesia de Genebra, onde nascera. Na França, uma nobre bem mais velha que ele tomou-o sob sua proteção; tornou-se sua amante e ajudou o jovem suíço, um tanto rude, a civilizar-se nas maneiras da corte. Um ano em Veneza e a frequentação dos *salons* dos financistas em Paris moldaram-no ainda mais na mesma direção. Nos *salons* parisienses, as pessoas estavam dispostas a oferecer uma chance aos talentos óbvios, desde que seus donos não as aborrecessem e que se curvassem aos padrões de sentimento e comportamento daqueles círculos. Enquanto escritor, Rousseau foi um dos primeiros representantes de um movimento alternativo dirigido contra os padrões dominantes de sua sociedade. Pode-se duvidar que suas obras tivessem sido aceitas nos círculos cortesãos se ele não fosse pessoalmente conhecido. No convívio social, tinha uma certa "polidez". Sem ela, seria muito improvável o êxito com suas obras, que defendiam a rejeição a esta polidez e prezavam as virtudes de um estado de coisas mais simples, mais "natural". Sem esta ressonância no *monde* parisiense, dificilmente suas obras teriam sido aceitas na tradição intelectual europeia do modo que mais tarde aconteceu.

Com Mozart foi diferente. Sua obra era profundamente influenciada pelo padrão de composição musical prevalecente na sociedade aristocrática e de corte de seu tempo — muito embora, com o tempo, ele tivesse ampliado singularmente tal padrão. Mas, em seus modos, ele era apenas um *homme du monde*. Tinha o hábito de dizer francamente o que sentia e pensava, sem se preocupar muito com a maneira como seria recebido. O hábito de manter-se reservado no trato social para evitar qualquer constrangimento, a arte da diplomacia cotidiana, a intuição do efeito das palavras ou gestos sobre o interlocutor e que era parte inseparável do discurso social entre as pessoas da corte, quase tudo faltava inteiramente a Mozart. Podia até disfarçar seus sentimentos, algumas vezes se valeu de umas pequenas mentiras da vida, mas tudo sem muita habilidade. Sentia-se mais à vontade com pessoas em cuja companhia pudesse se descontrair. Em algumas fases de seu desenvolvimento sentiu a necessidade quase compulsiva de dizer as coisas rudes ou obscenas que lhe vinham à cabeça — uma necessidade que será discutida mais tarde. Como a arte das relações sociais praticadas e exigidas nos círculos dominantes era fundamentalmente estranha e até mesmo repugnante para Mozart, ele nunca se sentiu em casa no mundo cortesão, aristocrático. Claramente continuou um *outsider*, nutrindo em relação a tal mundo um antagonismo crescente e uma revolta que se manifestaram, por exemplo, na escolha da sensacional comédia parisiense de Beaumarchais, *As bodas de Fígaro*, como libreto de uma de suas óperas, ou no notavelmente antiaristocrático *Don Giovanni*.

Leopold Mozart provavelmente tinha alguma perícia em tratar com seus superiores sociais da aristocracia cortesã. É difícil avaliar até que ponto ia tal perícia, até que ponto ele era capaz de parecer um igual nestes círculos em suas longas viagens com o filho e a filha, e mais tarde apenas com o filho. Sua situação não era fácil. Particularmente nas cortes menores e mais pobres do Império Germânico, era costume deixar bastante clara, para as pessoas socialmente inferiores, a sua posição subordinada, e algo dessa atitude talvez tenha passado para a tradição alemã. Na hierarquia de Salzburgo, os Mozart ocupavam um nível relativamente baixo e, sem dúvida, eram frequentes as ocasiões em que os faziam senti-lo. Nas cortes maiores, no entanto, os aristocratas eram mais conciliadores, e no estrangeiro, particularmente nas cortes amantes da música da Itália, o prodígio e seu pai parecem ter recebido muitas vezes uma acolhida calorosa, não perturbada por quaisquer diferenças de nível social. Leopold Mozart, com toda a família, ficou numa posição claramente incômoda em Salzburgo, devido aos triunfos do filho, que eram também seus próprios triunfos. Evitar tais perigos era tudo, menos simples.

A contradição entre a crescente fama de Mozart no mundo em geral e sua posição de inferioridade na própria terra natal pode ser vista com clareza em uma pequena cena que o pai narra numa carta.[66] A ópera de Mozart *La finta giardiniera* foi encenada em Munique. Após a *première,* o príncipe-bispo de Salzburgo, conde Colloredo, empregador de Leopold e Wolfgang Mozart, foi à corte bávara e teve o constrangimento de "ouvir a ópera ser elogiada por toda a família do Eleitor e por todos os nobres". O conde Colloredo, que estava acostumado a tratar seu vice-regente e o filho de maneira muito superior, como serviçais, ficou pouco à vontade neste coro de congratulações e, segundo Leopold Mozart, a impressão que causou foi desagradável. Era, como se pode ver, uma posição falsa, que provocou ressentimento de ambas as partes.

Embora o pai tenha sido capaz de se adaptar às maneiras sociais aristocráticas, o filho jamais o conseguiu a contento. Pode ser mais fácil entender também este traço de Mozart se levarmos em conta sua educação rigorosa, devido à qual por muito tempo foi incapaz de proteger a si mesmo. Algo de seus protestos contra o pai provavelmente encontrou uma expressão deslocada em sua revolta contra a ordem dominante de seu tempo, à qual Leopold Mozart mais ou menos se submetia.

Por muitos anos os contatos de Mozart com outras pessoas em suas *tournées* de concertos foram arranjados e controlados pelo pai. A confiar nas cartas, que são nossa principal e muitas vezes única fonte, parece que por volta dos quinze anos Mozart passou por uma mudança peculiar, que seria de se esperar naquela idade, mas que, sob muitos aspectos, tomou um caminho inesperado. A limitação dos contatos humanos àqueles mediados pelo pai claramente contribuiu para um certo isolamento, para

66 18 de janeiro de 1775: *LMF*, p.260.

uma crescente dependência de sua própria imaginação. A 2 de novembro de 1771 ele escreve de Milão: "Hoje há uma apresentação da ópera de Hasse, mas como Papa não quer sair, eu não posso ir. Felizmente conheço quase todas as árias de cor, de modo que posso vê-la e ouvi-la em casa, na minha cabeça."[67] Mozart tinha então dezesseis anos. Não podia ir à ópera, sequer sair de casa, se o pai não fosse junto. Enfrenta o isolamento que esta vida constantemente protegida lhe provocava, recolhendo-se em sua fantasia musical. Ouve, na cabeça, a ópera a que não pode comparecer.

Durante sua estada em Milão escreveu, principalmente, a *serenata teatrale Ascanio in Alba*, que foi apresentada em 17 de outubro para celebrar o casamento do arquiduque Ferdinando. Inúmeras vezes foi levantada a questão de uma nomeação — o que era provavelmente mais importante para Leopold Mozart do que qualquer outra coisa. Mas sua tentativa de usar a ópera a fim de conseguir um emprego para o filho em Milão fracassou. Naturalmente, Leopold não podia suspeitar que a imperatriz Maria Teresa havia advertido expressamente o arquiduque para não tomar a seu serviço pessoas tão desnecessárias quanto o jovem compositor de Salzburgo: "Se lhe agrada, claro que não vou lhe impedir. O que quero dizer é que você não deve se sobrecarregar com gente desnecessária (...) É que deprecia o serviço da corte estas pessoas viajarem pelo mundo inteiro, como indigentes."[68]

Um ano depois, pai e filho estavam de volta a Milão, desta vez para aceitar a oferta de uma *scrittura* e assim aumentar a reputação do jovem mestre como compositor de óperas. Mozart tinha muito trabalho a fazer em *Lucio Silla*, sua nova *opera seria*. Estava sob muita pressão e com a cabeça cheia de música. Todos os outros pensamentos foram banidos de sua mente: "Ainda tenho quatorze números para compor e então acabo. Mas, na verdade, o trio e o dueto contam por quatro. É impossível para mim escrever muito, porque não tenho novidades e, além disso, nem sei o que escrevo, pois não consigo pensar em nada que

---

67 *MLF*, p.205.
68 Carta da imperatriz de 12 de dezembro de 1771: *Mozart. Die Dokumente seines Lebens*, p.124

não seja minha ópera e corro o risco de escrever não as palavras, mas uma ária inteira."[69]

Também nesta viagem parecia haver a possibilidade de um emprego, desta vez na corte de Florença. No dia da estreia de *Lucio Silla* (26 de dezembro de 1772) Leopold Mozart mandou uma cópia da partitura com uma carta para o arquiduque Leopoldo, da Toscana; no começo de 1773 escreveu de novo, provavelmente por não ter recebido resposta. A ópera foi um sucesso junto ao público milanês, sendo apresentada várias vezes; mas, novamente, nada de colocação. É difícil saber até que ponto os repetidos sucessos de sua música e os igualmente repetidos reveses quanto à sua colocação afetavam Mozart.

Lucio Silla foi a última ópera de Mozart para o público italiano. Precisou fazer um enorme esforço para terminá-la e provavelmente recebeu alguma ajuda de compositores italianos experientes; havia se saído melhor um ano antes, com *Ascanio in Alba*. Uma amostra de seus esforços pode ser percebida nos pequenos pós-escritos que acrescentava às cartas do pai para a mãe e a irmã, que permaneceram em Salzburgo durante as duas viagens. Ele próprio escrevia quase que exclusivamente para a irmã. Suas cartas dão a impressão de que suas energias estavam tão intensamente concentradas em sua obra musical que o restante de sua vida ficara vazio. Não conseguia pensar no que escrever para casa porque, na verdade, não vivia nenhuma outra experiência.

E, porque não tinha nada para dizer, inventava histórias cômicas, engraçadas e absurdas.[70] Elas surgem mais ao menos ao mesmo tempo que sua predileção por expressões escatológicas com intenções humorísticas. As cartas passam a impressão de que quando tinha quatorze anos Mozart ainda gostava da vida na Itália, especialmente em Nápoles. Porém, um ou dois anos depois, quando o período de latência já havia passado (e, sem dúvida, também por causa da infrutífera procura de colocação, que pode ter afetado o filho basicamente através de seu frustrado pai), os conflitos de uma fase anterior parecem irromper outra vez. As histórias que Mozart conta à irmã, por falta de outras

69 Carta de 5 de dezembro de 1772: *LMF*, p.219.
70 Como as *shaggy dog stories* inglesas [em inglês no original alemão].

novidades, são muito características do sentimento semiconsciente de vazio e de falta de sentido que obviamente o dominava. O refrão "eu não sei de nada, o pai já disse tudo" fala por si só. Eis um exemplo, da estada em Milão em 1771:

> Graças a Deus, eu também estou bem. Como agora acabei meu trabalho, tenho mais tempo para escrever cartas. Mas não tenho nada para dizer, porque Papa já contou tudo. Não tenho nenhuma novidade, exceto que os números 35, 59, 60, 61, 62 saíram na loteria; assim, se eu tivesse estes números nós teríamos ganho. Mas como não compramos nenhum bilhete, não perdemos nem ganhamos, mas demos boas risadas das pessoas que compraram.[71]

O adolescente Mozart fazia piadas com as pessoas que perdiam ou ganhavam. Esta espécie de humor um tanto espectral, que aumentou com o tempo, encontra-se, claramente, em relação com um forte sentimento de que a vida o estava preterindo e que ele era incapaz de ganhar ou perder porque, na verdade, nem sequer tinha jogado.

Um ano depois, um segundo exemplo do mesmo tipo, que continua a aparecer na correspondência. Lança alguma luz sobre esta infelicidade meio oculta, uma forma curiosa do sentimento de que, "na verdade, nunca acontece nada":

> E isto me faz lembrar. Você ouviu falar do que aconteceu aqui? Vou contar. Hoje saímos da casa do conde Firmiano para irmos para casa, e quando chegamos à nossa rua, abrimos a porta de casa, e o que você acha que fizemos? Ora, nós entramos. Passe bem, meu pulmãozinho. Beijo para você, meu fígado, e sou, como sempre, meu estômago, seu indigno *frater* irmão Wolfgang. Por favor, por favor, querida irmã, há um inseto me mordendo. Venha me coçar.[72]

Nesse período, Mozart mostra uma tendência cada vez maior a se fazer de palhaço. Nas cartas carinhosas e brincalhonas que trocavam quando, na juventude, estavam longe um do outro, sua irmã Nannerl muitas vezes chamava-o de "bufão". Ele se intitulava "idiota", ou "pobre idiota". De fato, Mozart não era inade-

---

71 26 de outrubro de 1771: *LMF*, p.203-204.

72 Milão, 18 de dezembro de 1772: *LMF*, p.221. O texto acima foi escrito por Mozart com linhas alternadamente invertidas. Inclui também um desenho que, até onde se pode perceber, parece mostrar um coração em chamas, envolto em fumaça, talvez indicando o desejo de correr para casa e para a irmã.

quado ao papel de palhaço, o arlequim clássico que dava cambalhotas na frente do público mas que tinha o coração ferido porque sua mulher amava outro. Na verdade, ele era um espírito identificado com o de Petrushka, cuja amada é levada pelo Mouro, uma espécie de *Pierrot Lunaire*.

Ao tentar descrever Mozart, esbarramos imediatamente com as contradições de sua personalidade. Ele é o criador de uma música que é sublime, pura, imaculada à sua maneira. Sua música tem uma qualidade eminentemente catártica, e parece ascender sobre todas as regiões animais do ser humano. Ela testemunha claramente uma capacidade de sublimação altamente desenvolvida. Mas, ao mesmo tempo, Mozart era capaz de fazer piadas que, aos ouvidos de gerações posteriores, parecem extremamente grosseiras. Até onde se pode perceber, parecem ter uma referência diretamente sexual apenas em relação a mulheres com quem ele dormia ou queria dormir; quanto ao mais, representam uma transgressão libidinal de tabus verbais em torno da zona anal e, algumas vezes, oral. Muitos desses exemplos aparecem nas cartas de Mozart; especialmente notáveis sob este aspecto são as "Bäsle-Briefe" — cartas para a prima Bäsle, escritas com 21 ou 22 anos que (se quisermos colocar desta maneira) são produto de uma puberdade atrasada.[73] Sem dúvida, ele não bancava o palhaço apenas em suas cartas.

Alguns biógrafos recentes julgam que a propensão de Mozart a fazer piadas anais, que ocorrem principalmente, mas não exclusivamente, num determinado período de sua vida, constituem algo anormal. Isto é não lhe fazer justiça. Hoje em dia, tais palhaçadas são desprezadas entre pessoas educadas, cuja sensibilidade ofendem. Mas vê-las, no caso de Mozart, puramente como uma aberração pessoal, é julgar o comportamento e os sentimentos de alguém que viveu em outros tempos como se fosse nosso contemporâneo, e passar por cima dos diferentes padrões que operavam naquele tempo.

73 Sabe-se que Stefan Zweig, que possuía a maior parte destas cartas, muito prudentemente publicou uma delas para circulação restrita. Mandou um exemplar da edição para Freud, comentando o curioso "infantilismo" do autor. Cf. Hildesheimer, op.cit., p.109 [ed. bras.: p.93].

Numa carta de 7 de novembro de 1777 para o pai, Mozart acrescentou, no envelope, o seguinte pós-escrito referente à feitura de alvos para uma competição de tiro:

> Gilowski Katherl, fr: v: Gerlisch, h: von Heffner, fr: v: Heffner, fr: v: Schidenhoven, h: Geschwendner, h: Sandner e todos que estão mortos. Quanto aos alvos, se não for tarde demais, é isso o que eu gostaria. Um homem pequeno de cabelos louros, inclinado e com a bunda de fora. Da boca saem as palavras: "Bom apetite para a refeição." O outro homem está de botas e esporas com um casaco vermelho e uma peruca da moda. Deve ser de estatura mediana e deve estar lambendo o cu do outro homem. Da boca dele saem as palavras "Oh, não há nada melhor." É isso, por favor. Se não for desta vez, de outra vez.[74]

Não há dúvida de que estas palavras mostram a direção da fantasia de Mozart. Mas o fato de um filho poder dar ao pai tais instruções sem qualquer mostra de constrangimento, e pedir-lhe que mande fazer alvos deste tipo para o que provavelmente deveria ser uma competição pública de tiro, mostra também que havia espaço de sobra para fantasias coprófilas em seu círculo social. Nessa sociedade havia menos necessidade de escondê-las das vistas do público, e portanto de reprimi-las da consciência, do que nas sociedades industriais do século XX.

Sem dúvida as estruturas de personalidade individual também tinham seu papel no uso aparentemente compulsivo que Mozart fazia de expressões e imagens anais (e algumas vezes orais). Pode-se supor que conflitos infantis parcialmente ligados à educação higiênica na infância ressurgiam na puberdade. Podem também ser uma expressão indireta de agressão contra o pai, e portanto, mais amplamente, contra a ordem estabelecida, a que tinha sido negada qualquer expressão direta.

Os sentimentos agressivos em relação à classe dominante de sua época estavam presentes em Mozart, e formavam um traço muito forte da estrutura de sua personalidade — isto pode ser observado em toda a sua carreira posterior. O orgulho, a aversão a "rastejar", sobre os quais escreve ao pai, são uma prova disto. Sua recusa persistente a usar o título nobiliárquico que lhe foi conferido pelo Papa — ao contrário de Gluck que, com a força de uma distinção papal menor, intitulou-se "Cavaleiro von Gluck"

---

74 *LMF*, p.357-8.

por toda a vida — é um sintoma de não identificação com o *establishment* aristocrático. Sem dúvida, tratava-se de uma atitude ambivalente. Como já se disse, ela acompanhava um forte desejo de ser reconhecido e aceito como igual pelos círculos cortesãos aristocráticos — muito embora pela força de suas conquistas como músico, não pelo título. E como tal reconhecimento lhe foi negado desde as suas primeiras tentativas de conseguir uma colocação, Mozart certamente tinha sentimentos muito negativos a respeito da sociedade dominante. Não é improvável que tal agressão reprimida irrompesse em suas referências verbais às funções animais. No contexto de sua vida, seria bem compreensível.

Mas, dito isto, devemos acrescentar de imediato que um julgamento sobre a coprofilia verbal de Mozart necessariamente se equivocaria se aplicasse os padrões atuais de civilização, vendo implicitamente nosso próprio padrão de sensibilidade como universal, válido para toda a humanidade, e não como algo que se desenvolveu. Para fazer justiça à tendência de Mozart, precisamos ter uma ideia clara do processo civilizador ao longo do qual o padrão social de comportamento e de sentimento muda de maneira específica. Na sociedade de Mozart, na fase do processo social civilizador em que viveu, o tabu quanto ao uso das palavras chocantes que encontramos em suas cartas não era nem de perto tão estrito e rígido quanto em nossos dias. Alusões claras aos excrementos eram parte das diversões normais na convivência entre os jovens — e provavelmente também entre os mais velhos — com quem ele se relacionava. Não eram de maneira alguma proibidas, ou, no máximo, recebiam uma proibição tão leve que as zombarias coletivas quanto ao tabu provocavam muita algazarra entre os jovens da época.

Dois outros exemplos podem esclarecer a diferença entre os costumes daquela época e os da nossa. Entre as relações mais íntimas de Mozart em Salzburgo havia uma amiga de sua irmã, chamada Rosalie Joly. Era filha do pasteleiro da corte e servia como criada de quarto no palácio do conde Arco; Leopold Mozart menciona-a numa carta de 13 de agosto de 1763 como "Srta. Rosalie Joly, criada de quarto de Sua Excelência a condessa de Arco".[75] O jovem Mozart era muito seu amigo. Escreviam um

75 I, p.87.

para o outro versos ocasionais. Um destes poemas, que Rosalie Joly escreveu para o dia onomástico de Mozart e que foi anexado a uma carta do pai dele para a mãe em 23 de outubro de 1777, dá uma amostra do padrão de sensibilidade no círculo social de Mozart — pelo menos entre os jovens, mas à vista da geração mais velha.

Wolfgang, meu querido amigo, hoje é teu dia onomástico
E portanto te desejo, meu menino muito querido
Tudo o que possas desejar, tudo o que mereces.
Feliz sempre hás de ser, e nunca serás picado pelos besouros.
Que a Fortuna que até agora te mostrou apenas a bunda da Fortuna
Seja duplamente gentil contigo, naquele lugar muito distante.
Este é o desejo de meu coração, tão verdade quanto eu estar viva
E fosse isso possível, lhe daria mais que desejos.
Por isso dize à tua mãe, por favor, a quem eu respeito tanto,
Que a amo sempre e sempre anseio por vê-la.
Possa ela manter sua gentileza e amizade por mim,
Por todo o tempo em que tiver uma rachadura no traseiro.
Fica com saúde, querido amigo, na alegria e na diversão
E toca, de vez em quando, um pequeno dueto de peidos.

Rosalie Joly[76]

Estas referências à anatomia da mãe de Mozart e a um pequeno dueto de peidos podem ser particularmente ofensivas para os padrões atuais de sentimento. Mas foram feitas aqui muito claramente, sem a menor intenção de quebrar um tabu. Não se trata de uma piada oriunda de uma mente reprimida.

Outra passagem de um pós-escrito de Mozart a uma carta da mãe para o pai, em 14 de novembro de 1777, deixa claro como a "sujeira" verbal era um elemento de comportamento descontraído entre os jovens e mesmo entre os mais velhos:

Eu, Johannes Chrisostomus Amadeus Wolfgangus Sigismundus Mozart, aqui me declaro culpado, e confesso que ontem e anteontem (para não mencionar várias outras ocasiões) não voltei para casa antes da meia-noite; e que das dez horas até a mencionada hora, na casa de Cannabich e na presença e companhia do mencionado Cannabich, esposa, filha, o tesoureiro, Ramm e Lang, eu, com muita

76 II, p.80.

frequência, sem qualquer dificuldade, mas com muita facilidade, perpetrei rimas, sendo elas, além disso, porcarias puras, ou seja, sobre assuntos tais como merda, cagar e lamber a bunda — e isto também em pensamentos, palavras — mas não em obras. No entanto, eu não teria me comportado de maneira tão ímpia se nossa chefe, conhecida pelo nome de Lisel [Elisabetha Cannabich], não tivesse me estimulado e incitado; ao mesmo tempo, devo admitir que gostei muito disso. Confesso todos estes meus pecados e transgressões do fundo do coração, e na esperança de ter de confessá-los muitas vezes, eu firmemente resolvo continuar na vida pecaminosa que comecei. Desta maneira, imploro a dispensa sagrada, se for fácil de conseguir; se não, para mim dá no mesmo, porque o jogo vai prosseguir de qualquer forma.[77]

Desde jovem Mozart sabia exatamente onde tais piadas eram permitidas e onde não eram; sabia que eram permitidas e apreciadas entre os pequenos burgueses empregados das cortes, o que incluía os músicos (e mesmo aí apenas entre amigos próximos), mas que eram completamente fora de lugar nos círculos mais altos.[78] Como já se mencionou, desde a infância Mozart movia-se em dois mundos sociais — o círculo não cortesão de seus pais, que hoje em dia poderia ser referido pela expressão um pouco imprópria de "pequenos burgueses", e o dos aristocratas da corte, que ainda se sentiam muito seguros de seu próprio poder nas regiões alemã e italiana, a despeito dos relâmpagos distantes e dos primeiros trovões da Revolução Francesa.

A divisão em sua existência social também se fazia sentir na estrutura de sua personalidade. Toda a atividade musical de Mozart, toda a sua formação de instrumentista virtuose e de compositor foram modeladas pelo padrão musical das sociedades de corte hegemônicas da Europa. Sua obra foi, em grande parte, caracterizada pela sintonia com os círculos aristocráticos-cortesãos, não apenas através da adaptação consciente, deliberada, em seu trabalho para imperadores, reis e outros patronos, mas

77 *LMF*, p.373.

78 Num contexto diferente, analisei tal diferença como um gradiente formalidade-informalidade: cf. Norbert Elias, *Studien über die Deutschen. Machtkämpfe und Habitusentwicklung im 19. und 20. Jahrhubdert,* org. por Michael Schröter, Frankfurt am Main, 1989, p.38-44.

também através do involuntário ajustamento de sua consciência artística a tal tradição musical. Esta vinculação de sua consciência deu-lhe latitude suficiente para desenvolver a tradição da corte de um modo inteiramente pessoal, sem sequer romper seus limites. E assim, através da imaginação individual, ele levou-a, em muitos casos, muito além da compreensão da audiência aristocrática de corte.

Ao mesmo tempo, em sua estrutura de personalidade, especialmente no que se referia às relações sociais, continuou sendo um homem da pequena burguesia — "pequena burguesia" não em nosso sentido, mas no do tempo de Mozart, quando as pessoas enfrentavam seus semelhantes muito mais diretamente, no que diz respeito a gostar ou não gostar. Seu descortês *habitus* social se colocava numa relação paradoxal com sua obra. E este paradoxo, sem dúvida alguma, contribuiu consideravelmente para seu fracasso social — assim como para a triunfal marcha de sua música depois que morreu.

Parece haver boas razões para se supor que as relações de Mozart com as mulheres eram condicionadas por tal existência em dois mundos sociais diferentes. Por um lado, ele vivia em muita intimidade com mulheres como a mãe, a irmã e as amigas da irmã, para quem piadas grosseiras envolvendo contato físico — dentro de certos limites — estavam entre os jogos eróticos juvenis normais e permitidos. Os limites eram estritos. É de se duvidar que a ideia de dormir juntos antes do casamento ocorresse no círculo social do jovem Mozart, quanto mais a prática. Quando a irmã se casou, Mozart mandou-lhe um pequeno poema, sério, no qual falava crua e diretamente: "Você vai aprender agora muito do que antes era meio escondido de você. As coisas podem não andar sempre muito tranquilas. Os homens às vezes são mal-humorados. Mas lembre-se: eles mandam de dia, e as mulheres, de noite."[79]

À parte estas mulheres, desde muito cedo Mozart teve contato com mulheres de um tipo bem diferente, os membros femininos da nobreza da corte. Não se pode deixar de imaginar o que teria

---

79 Carta de 18 de agosto de 1784: III, p.321.

acontecido se, quando jovem ou adolescente, uma dessas experientes senhoras da corte o tivesse tomado sob sua proteção, dando-lhe acesso a uma ligação que na verdade ele nunca teve; tais relações eram muito comuns, como se pode ver no caso de Rousseau. Mas, para Mozart, havia o duplo obstáculo da supervisão do pai e de sua consciência. Ele sempre foi muito suscetível ao que se pode chamar de aura da feminilidade. Dizia-se que ele se apaixonou, uma a uma, por todas as suas alunas.[80] Muitas, se não a maioria, vinham de círculos nobres, especialmente no período vienense. Eram inatingíveis para ele. Seu anseio, seus desejos em relação a elas certamente estão na direção que chamamos de "erótica". Sonhava com elas, e não é improvável que um sopro do encanto e elegância dessas moças passasse para sua música, bem como um eco de sua melancolia por essa inatingibilidade e por sua indignação com o destino.

Seus contatos com as mulheres de sua própria classe algumas vezes — talvez não muito frequentemente — deram origem, antes do casamento, a relações em que o aspecto erótico era superado pelo elemento sexual ou inteiramente eclipsado por ele. Um pouco dos diferentes papéis que estes dois tipos femininos desempenhavam na vida de Mozart pode ser visto nas cartas que escreveu a representantes de ambos os tipos. Escolho como exemplos uma carta para Aloisia Weber, irmã de sua futura esposa, e que mais tarde se tornou uma grande cantora de ópera, e outra para a prima, que provavelmente foi sua primeira amante:[81]

> Querida amiga! Espero que esteja com excelente saúde — peço-lhe que tome muito cuidado com ela — porque boa saúde é a melhor coisa do mundo. Graças a Deus, estou muito bem, no que diz respeito à minha saúde, porque trato dela. Mas minha mente não descansa — não enquanto eu não souber (e que conforto será) que seus méritos receberam a justa recompensa. No entanto, minha

---

80 Cf. Hildesheimer, op.cit., p.276 [ed. bras.: p.226].

81 *Nota do Organizador*. O manuscrito se interrompe neste ponto. As duas cartas citadas aqui são de uma coleção de fotocópias e cópias manuscritas da correspondência de Mozart reunida por Elias. Nela não aparece nenhuma outra carta para Aloisia Weber. Uma carta de 13 de novembro de 1777 foi também copiada da coleção "Bäsle-Briefe", mas existem várias cópias da de 23 de dezembro de 1778. Os extratos foram selecionados pelo organizador.

condição e minha situação serão as mais felizes no dia em que eu tiver o infinito prazer de servi-la de novo e beijá-la de todo o meu coração. Isto é tudo o que posso ansiar e desejar, e meu único consolo e conforto estão nesta esperança e desejo... Addio, por enquanto, querida amiga! Estou ansioso por cartas suas. Assim, por favor, não me deixe esperando e não me faça sofrer por muito tempo. Na esperança de ter notícias suas muito em breve, beijo suas mãos, abraço-a de todo o coração e sou, sempre serei, seu verdadeiro e sincero amigo.

W A MOZART [82]

Com muita pressa (...) escrevo agora para informá-la que amanhã vou para Munique. Querida priminha, não seja chatinha. Eu teria ido com muito prazer a Augsburgo, posso lhe garantir, mas o abade imperial não me deixou viajar (...) Talvez eu possa ir de Munique para Augsburgo. Mas não tenho certeza. De modo que, se você realmente tem prazer em me ver, venha para Munique, aquela cidade tão boa. Trate de estar lá antes do Ano-Novo (...) Assim, venha ficar por um tempo, senão eu cago. Se você for, esta alta e poderosa pessoa vai achar que você é muito gentil, vai lhe dar uma palmada atrás, beijará suas mãos, minha querida, dará um tiro pelo traseiro, vai abraçá-la calorosamente, vai lavar você na frente e atrás, pagará a você tudo o que lhe deve até o último tostão, e vai soltar um com uma nota admirável, talvez até mesmo deixe alguma coisa cair de seu barco. Adieu, meu anjo, minha querida.

Estou louco para ver você.

Mande-me uma linda cartinha de 24 páginas para Munique, Poste Restante...

votre sincere W:A[83]

82 30 de julho de 1778: *LMF*, p.582-83; original em italiano.
83 23 de dezembro de 1778: *LMF*, p.643-4.

PARTE II

A revolta de Mozart: de Salzburgo a Viena

Em maio de 1781 a tensão entre Mozart, o irascível jovem músico, e seu não menos irritável empregador e senhor, o arcebispo de Salzburgo, conde Colloredo, transformou-se em conflito aberto. Tinha sido, desde o início, uma relação tensa em que o conflito era quase inevitável. Mozart, por seu talento incomum como intérprete e compositor, tinha feito, ainda jovem, um nome entre a aristocracia amante da música nas cortes da Europa. Mas na própria Salzburgo ocupava uma posição que, formalmente, não diferia muito da ocupada por um cozinheiro ou um criado. Portanto, em seu próprio país, o pequeno Estado absolutista governado pelo conde Colloredo, Mozart era uma anomalia.

Após o fracasso da procura de um cargo em outras cortes, voltou a servir em Salzburgo, já que não tinha outra escolha. Teve sorte. O organista da corte tinha acabado de morrer, abrindo uma vaga. Mozart, ou mais provavelmente o pai, em seu nome, imediatamente se candidatou ao cargo. No estilo da época (que revela sem qualquer ambiguidade as imensas discrepâncias de poder no século XVIII), pleiteou o cargo ao arcebispo "na mais profunda subserviência à Sua Suprema Excelência e Eminência".[84] O próprio arcebispo estava cônscio do prestígio de ter, como membro de sua corte, um filho de Salzburgo tão famoso. E assim, por um decreto de 17 de janeiro de 1779, ordenou a nomeação do jovem como organista da corte, com o mesmo salário, 450 gulden, de seu predecessor, um homem mais velho e pai de família.

---

84 *Mozart, Die Dokumente seines Lebens*, p.163.

Para um jovem músico não era de todo mal, pelos padrões da época, e, certamente, da parte do arcebispo não faltou generosidade. Mas o decreto de nomeação especificava, na costumeira linguagem ritual, que o novo organista, assim como o antigo, tinha que cumprir, zelosa e inquestionavelmente, as obrigações oficiais, tanto na capela da corte e na catedral, quanto na corte — para não mencionar as composições que tinha que fornecer, a qualquer momento, para o uso da Igreja e da corte. Por tradição, entre esses deveres também se incluíam os de *valet de chambre*, exigindo que Mozart se apresentasse na corte todos os dias. Seu predecessor claramente aceitara estes últimos deveres sem reclamar, como algo óbvio e inescapável. Mozart não fez o mesmo, e, mais tarde, afirmou nada saber de tais deveres. Alegou que simplesmente fora advertido, algumas vezes, de que deveria aparecer mais regularmente na corte. Ele só ia quando expressamente convocado. Sua negligência a esse respeito foi uma das principais razões da insatisfação do arcebispo em relação a seus serviços.[85]

Além disso, após sua reintegração, algumas vezes Mozart se ausentava de Salzburgo por semanas. No outono de 1780, solicitou humildemente permissão para se ausentar, pois a corte da Baviera tinha lhe pedido uma nova *opera seria* para as festividades do carnaval de 1781. Mozart precisava desse (curto) tempo para escrever a ópera e ensaiá-la com os cantores em Munique. O libreto — *Idomeneo, rè di Creta* — que também fora escrito por um artista de Salzburgo, tinha sido determinado por Munique. (Embora ele tomasse a liberdade de alterar aqui e ali o libreto, a qualidade artesanal de todo o procedimento ainda fica evidente: o Eleitor da Baviera não fez apenas uma encomenda ao compositor, mas especificou o tema e o texto, esperando um novo

85 Mozart ao pai, 12 de maio de 1781 (*LMF*, p.730): "Bem, sem perder a calma (pois minha saúde e minha vida são muito preciosas para mim e só me arrependo quando as circunstâncias me forçam a ficar zangado), quero apenas esclarecer a principal acusação contra mim a respeito do meu serviço. Não sabia que eu era um criado — e isto foi a última gota. A cada manhã tinha que desperdiçar algumas horas na antecâmera. É verdade, muitas vezes me avisaram que deveria me apresentar, mas nunca conseguia lembrar que isso fazia parte do meu dever, e só aparecia pontualmente quando o Arcebispo mandava me chamar."

tratamento para seu próprio gosto.) Era difícil para o arcebispo negar consentimento para tal projeto. Ia parecer uma descortesia para com a corte da Baviera, risco que o socialmente inferior Colloredo não podia correr. Calou-se e concedeu seis semanas de licença, embora, em seu íntimo, deva ter ficado aborrecido, pois, além de tudo, estava pagando a Mozart. Como disse, uma relação tensa.

Mozart, por sua vez, era um jovem orgulhoso que conhecia o próprio valor. Em Salzburgo tinha que se obrigar a adotar a postura subserviente exigida pelo príncipe e por muitos, senão por todos, nobres da corte — uma postura que seu pai tentara incutir nele. Mas agora (desde o começo de novembro de 1780) estava em Munique, trabalhando em seu *Idomeneo*. Amava esse tipo de trabalho que o absorvia completamente. Estendeu sua licença e deixou os acontecimentos tomarem seu curso. Realmente, não teria se importado se o arcebispo o demitisse. Na corte da Baviera ele era, para um observador superficial, tratado como igual pelos nobres senhores. Como em tantas vezes, tomou a aparência pela realidade, interpretando o fato como um sinal de que, depois do sucesso de sua ópera, certamente teria um cargo permanente, se não fosse em Munique, em outro lugar qualquer. Já estava farto de Salzburgo. Ao estender sua licença, estava desafiando o arcebispo. No dia 16 de dezembro, esboçou sua visão da situação em uma carta a seu pai:

> A propósito, o que há com o arcebispo? Na próxima segunda-feira completarão seis semanas que estarei fora de Salzburgo. Sabe, meu querido pai, é somente para lhe agradar que permaneço lá, já que, por Deus, se tivesse seguido minha inclinação, um dia antes de partir teria limpado o traseiro com meu último contrato, pois lhe juro por minha honra que não é Salzburgo, mas o príncipe e sua presunçosa nobreza que a cada dia se tornam mais intoleráveis para mim. Portanto, eu ficaria encantado se ele me mandasse dizer por escrito que não precisaria mais de meus serviços; pois com a proteção que agora tenho aqui, tanto minha posição presente quanto futura estariam suficientemente garantidas — salvo por morte — de que ninguém está livre, mas que não seria uma grande desgraça para um homem de talento e solteiro. Mas eu faria qualquer coisa no mundo para agradá-lo. No entanto, seria menos penoso para mim se ocasionalmente pudesse sair, por algum tempo, para tomar fôlego. O senhor sabe como foi difícil sair agora: e sem alguma

causa muito urgente, não haveria a menor chance de que tal coisa pudesse acontecer de novo. Pensar nisso é suficiente para cair no choro.[86]

Na realidade Mozart tinha pouca chance de conseguir um ponto de apoio na corte da Baviera. Era obstinado, quando se tratava de sua música. Algumas vezes, até mesmo brigava com o influente diretor do teatro. A alta nobreza não estava habituada a ser contrariada por subordinados, muito menos por um homem tão jovem. Se algo na ópera não estava a seu gosto, isto era dito, esperando-se uma mudança condizente. A seus olhos, não havia dúvida de que pessoas de sua classe que tinham interesse pelo teatro eram melhores juízes do bom gosto do que um músico burguês. Mas, em coisas de música, Mozart raramente cedia. Era jovem, cheio de sonhos e com pouco conhecimento do mundo. Então eles deixaram que fosse feito à sua maneira. Afinal, não era importante. Mas, para alguém que procura uma nomeação permanente, esta insistência em suas próprias ideias era pouco recomendável.

Permaneceu em Munique, embora sua licença já estivesse vencida, e nesta ocasião o pai ficou inteiramente do seu lado. Não gostava de Salzburgo, tanto quanto o filho; mas não ousava dizê-lo, nem podia se dar a tal luxo. Escreveu ao filho que Salzburgo estava muito orgulhosa de sua nova ópera, trechos da qual já tinham sido executados.[87] Quanto ao prolongamento da licença, simplesmente alegaria nada saber. Se interrogado pela corte, responderia terem entendido que a licença significava que Mozart poderia ficar em Munique por seis semanas após terminar a composição, já que ele era necessário para os ensaios e para toda a preparação do espetáculo. Ou Sua Eminência era de opinião de que uma ópera como aquela poderia ser composta, transcrita e ensaiada em seis semanas? É claro que Leopold Mozart sabia que o arcebispo estava de mãos atadas. Ordenar que Mozart voltasse a Salzburgo ou demiti-lo enquanto estivesse trabalhando sob as ordens do Eleitor da Baviera, em uma ópera para suas festas de carnaval, seria um afronta a este último. Mas talvez Leopold não se desse conta de que, embora impedido de agir no presente, o arcebispo ficaria cada vez mais furioso com

86 *LMF*, p.690.
87 25 de dezembro de 1780; III, p.69-71.

a ausência de seu empregado. A preocupação de Mozart era sua ópera (e o futuro cor-de-rosa que ela parecia prometer), e a do arcebispo, a perda dos serviços pelos quais estava pagando, e a desobediência de um subordinado. Uma luta aberta pelo poder, em pequena escala, do tipo que ocorre com frequência.

A 13 de janeiro de 1781, o Ato III de *Idomeneo* teve seu primeiro ensaio. Amigos de Salzburgo foram a Munique assistir à apresentação da ópera de Mozart. A 26 de janeiro, o pai e a irmã chegaram. A 27 de janeiro, dia do aniversário de vinte e cinco anos de Mozart, foi realizado o ensaio geral e no dia 29, a primeira apresentação. Foi um grande sucesso. Ainda assim, nenhuma palavra da parte do arcebispo. Estava preocupado com outros assuntos, principalmente com uma grave doença do pai. Para visitar o doente, viajou com sua corte para Viena. De lá, finalmente, no dia 12 de março, Mozart recebeu a ordem de encontrar seu senhor. Partiu imediatamente e foi alojado na residência do arcebispo, segundo suas instruções. Aconteceram várias cenas, nas quais Colloredo passou uma descompostura em Mozart. Queria demonstrar claramente ao jovem que ele era o senhor de sua própria casa, e Mozart, entre muita vituperação, foi chamado de canalha sem vergonha.

Sobre o que se seguiu, temos apenas o relato de Mozart, talvez parcial. Talvez tais confrontos também não fossem do feitio do arcebispo. Era um cavalheiro reservado, um tanto peculiar, que não podia ver sangue. O pai de Mozart relatou isso em uma carta enviada a Munique.[88] Um pouco antes, o arcebispo havia cortado o dedo enquanto comia. Quando o sangue correu, ele levantou-se, recompôs-se para não desmaiar na frente de todos, entrou no quarto contíguo e caiu no chão. Um homem curioso. No início de março, subitamente ordenou a Mozart que deixasse seus aposentos na residência de Viena. Mozart alugou um quarto na casa de umas pessoas que ele já conhecia de Mannheim, a senhora Cäcilie Weber e suas filhas — uma delas, Aloisia, foi seu primeiro, e ainda não esquecido, amor. Nesse meio-tempo, o pai delas havia morrido e a viúva Weber alugava quartos.

O rompimento de Mozart com seu senhor aconteceu no dia 9 de maio. O músico despejado mal havia completado a mudança quando recebeu uma ordem para levar com urgência um pacote

---

88 30 de dezembro, 1780; III, p.75.

para Salzburgo, no próximo correio. Mozart, que ainda tinha algum dinheiro a receber, foi ver o arcebispo e desculpou-se por não poder ir mais cedo. Seguindo os conselhos de um criado, aplicou a mentira de que a diligência do correio estava completamente lotada. Segundo Mozart, o conde Colloredo disse que ele era o mais indecoroso velhaco que conhecia, reclamando que ninguém o servia tão mal quanto ele. Aconselhou-o a partir para Salzburgo imediatamente, como lhe havia sido ordenado, senão seu salário seria suspenso. Ele próprio, afirma Mozart, permaneceu calmo, embora o arcebispo o tenha chamado de vagabundo e tratante. Apenas perguntou se Sua Eminência estava insatisfeita com ele. Com isso o conde se encolerizou ainda mais e declarou que, desse dia em diante, nada mais tinha a fazer. Mozart aproveitou-se disso para responder que eles deviam deixar tudo como estava; apresentaria seu pedido de demissão no dia seguinte.

Aparentemente, o arcebispo não estava preparado para isso. Queria impor obediência a Mozart, mas dificilmente esperava que o subordinado pusesse lenha na fogueira e deixasse o serviço. Do ponto de vista do arcebispo, a reação do jovem foi bem irracional. Ele havia percorrido o mundo à procura de um posto e nada achara, até que a corte de Salzburgo, indulgentemente, recebeu-o de volta, e com um salário mais alto. Mas Mozart estava firmemente decidido a ficar em Viena. No dia 9 de maio, imediatamente após a briga com o arcebispo e ainda no calor da raiva, instalou-se em seus novos aposentos na casa da senhora Weber e escreveu ao pai sobre os últimos acontecimentos. Contou como o conde Colloredo o xingara e, com declarações de amor pelo pai e irmã, enfatizou que tinha rompido com Salzburgo.[89]

Então o pequeno mundo realmente ficou em alvoroço. No dia 10 de maio Mozart foi ver seu superior imediato, o chefe da cozinha conde Arco, e entregou-lhe uma carta formal pedindo ao arcebispo que o liberasse. Ao mesmo tempo, tentou devolver o dinheiro que já recebera para a viagem de volta a Salzburgo. Em ambos os casos, o conde Arco recusou-se. Tentou, provavelmente em acordo com o arcebispo, dissuadir o jovem de fazer

---

89 III, p.110-12.

o que planejara. Disse a Mozart que ele não poderia pedir demissão do cargo sem o consentimento do pai — era o seu dever e obrigação. Mozart retorquiu que sabia bem qual o seu dever para com o pai. Para distrair seus pensamentos de noite, foi à ópera, mas ainda estava extremamente agitado, com o corpo trêmulo; teve que sair do teatro na metade do primeiro ato. No dia seguinte ainda se sentia doente; ficou de cama e bebeu água de tamarindo para se acalmar.

No dia 12 de maio Mozart escreveu de novo ao pai, repetindo que estava absolutamente decidido a deixar para sempre o cargo. Depois do arcebispo tê-lo humilhado e manchado sua honra daquela maneira, ele não tinha escolha. Se ele amava o filho, o melhor seria não manifestar sua opinião sobre o assunto.[90]

Algumas horas mais tarde ele evidentemente já tinha, de algum modo, se recomposto, e enviou uma segunda carta. Tentou demonstrar que, mesmo considerada friamente, sua decisão fora inteiramente racional. O grave insulto que recebera havia sido apenas a gota d'água. Salzburgo nada lhe oferecia a não ser um confinamento — faltava tanto estímulo quanto apreço. Em Viena, ele já tinha excelentes e úteis conhecimentos. As pessoas o convidavam, mostravam todo o respeito por ele e ainda por cima lhe pagavam. Seu pai não precisava se preocupar, nem mesmo por sua própria posição. Com certeza, o arcebispo não seria tão mesquinho a ponto de tirar o cargo do pai porque brigara com o filho.

Leopold Mozart tinha suas dúvidas. Para ele, realmente a situação era de extrema precariedade, e agiu, como em tantas vezes antes, com enorme cautela, mas também com uma certa falta de franqueza. É difícil determinar se suas ações foram guiadas pela preocupação com o futuro do filho ou com o seu próprio. De qualquer modo, insistiu em que a honra de Wolfgang exigia que o assunto fosse resolvido em Salzburgo e não em Viena. Mozart tinha que voltar para casa; isto era absolutamente necessário para resolver a questão com dignidade. Também suspeitava que seu filho desejava permanecer em Viena principalmente por prazer. O reatamento com a família Weber, agora como hóspede, claramente encheu-o de profunda desconfiança — não sem razão, como logo se viu. Em Mannheim, Mozart

---

90 III, p.112-14. Segunda carta: III, p.114 e seg.

havia se apaixonado perdidamente por uma das moças da família, e isso ainda o perturbava. Soube que havia mais duas outras filhas em cena, temeu o pior, e usou sua autoridade para trazer o filho de volta a Salzburgo. Mas em tudo isso, deve também ter receado que o menor sinal de encorajamento à sua desobediência e em seu plano de pedir demissão fosse mal-visto pelo arcebispo. Portanto, escreveu imediatamente ao conde Arco garantindo que de modo nenhum aprovava a conduta do filho e que havia pedido sua volta imediata à Salzburgo. Escreveu a mesma coisa para o filho.

A carta do pai causou profunda impressão em Mozart. Mas agora que sua revolta contra o arcebispo ameaçava se ampliar em uma revolta contra o pai, percebeu, de repente, o quanto já era então independente e autoconfiante em suas decisões. Viu bem claro que no estreito mundo de Salzburgo não haveria realização para ele ou para seu trabalho. Ao contrário do pai, compreendeu que as mesquinhas tensões e irritações a que estava preso na corte de Salzburgo, as humilhações e o trabalho servil a que ali estava exposto, seriam indefinidamente repetidos se tivesse a fraqueza de recuar.

Por outro lado, o que ele não via com clareza, ao contrário do pai, eram as dificuldades que enfrentaria depois de se desligar de Salzburgo. O conde Arco, a quem entregou um segundo e depois um terceiro pedido de demissão, pois o primeiro fora recusado, explicou-lhe com muita clareza, da última vez, o que estava à espera de um jovem músico que tentasse abrir caminho em Viena sem a garantia de uma nomeação. Disse a Mozart (que transmitiu isso numa carta ao pai): "Acredite-me, você está se deixando deslumbrar muito facilmente por Viena. Aqui, a reputação de um homem dura muito pouco tempo. De início, é verdade, você é coberto de elogios e ainda por cima ganha muito dinheiro — mas quanto tempo isso dura? Após alguns meses os vienenses querem algo novo."[91]

Essa conversa se deu no início de junho. Como se pode ver, a disputa entre Mozart e seu senhor se arrastou por algum tempo. O arcebispo não queria aceitar a demissão de seu subordinado.

---

91 2 de junho de 1781: *LMF*, p.739.

Mozart, não menos teimoso, enviou um pedido atrás do outro, por intermédio do chefe da cozinha. Parece que o conde Arco se recusava a entregá-los. Para trazer o jovem à razão, chegou ao ponto dc dcclarar que também ele tinha que aturar palavras grosseiras do arcebispo. Mozart retrucou com desdém: "O senhor certamente tem suas razões para aturar isso, e eu — tenho minhas razões para me recusar a isso."[92]

Mas o cabo de guerra ainda não se rompera, o pedido de demissão de Mozart ainda não fora aceito. A sociedade vienense mexericava sobre a divertida saga. Defensores das duas partes trocavam argumentos. O arcebispo dizia que Mozart era arrogante. Mozart respondia que, quando tratado com arrogância se tornava arrogante. A decisão veio alguns dias mais tarde, por volta do dia 8 ou 9 de junho de 1781. Mozart mais uma vez foi ao conde Arco. Quando tornou a insistir na aceitação de seu pedido de demissão, o conde finalmente perdeu a paciência e expulsou o jovem cabeçudo da sala.

Mozart ficou furioso. Ao mesmo tempo, sentiu uma certa satisfação por as coisas terem ido tão longe. Agora poderia afirmar, com certa razão, que tinha sido expulso da corte de Salzburgo. Agora, tinha a chance de ficar em Viena. Talvez não achasse que um chute no traseiro fosse um preço muito alto a pagar. Mas os repetidos maus tratos do arcebispo e de seus nobres cortesãos certamente haviam submetido o autocontrole do orgulhoso jovem a uma severa prova.

Em sua carreira de menino prodígio, Mozart desenvolveu — e é fácil de se entender a razão — uma noção muito forte de seu próprio valor e de sua tarefa como compositor e intérprete.[93]

---

92 Idem.

93 Em muitas ocasiões, sua pouca idade claramente impediu que tal valor fosse reconhecido. No dia 31 de outubro de 1777 Mozart escreveu ao pai sobre sua primeira visita ao ensaio da orquestra de Mannheim (*LMF*, p.350); "Pensei que não seria capaz de conter o riso quando fui apresentado às pessoas. Alguns, que conheciam minha reputação, foram muito polidos e mostraram um respeito medroso; outros, entretanto, que nunca tinham ouvido falar de mim, olhavam-me com os olhos arregalados, e certamente de maneira bem desdenhosa. Provavelmente pensavam que por ser tão pequeno e jovem, nada de grande ou maduro pode surgir de mim, mas eles logo verão."

Isso combinava mal com sua posição social de subordinado e criado. Pode-se entender que para ele fosse simplesmente impossível desistir e voltar a Salzburgo como um cachorro escorraçado. Lá perderia a saúde e a alegria interior, escreveu em sua primeira carta de 12 de maio de 1781. Mesmo que tivesse que mendigar, teria ido embora depois daquele insulto — "Porque, quem se deixaria maltratar?"[94] Entretanto, a grande maioria dos súditos de Salzburgo não tinha tal escolha. Como qualquer "gênio", Mozart era um desvio da norma em sua sociedade, uma anomalia, e uma anomalia com um senso de justiça um tanto inflamável.

Mesmo no momento da ruptura, tivera um pressentimento do aborrecimento que acarretaria a vida em Viena sem uma nomeação certa. Mas nunca deixou de ter esperanças de que o imperador (ou ao menos um rei de *status* semelhante) cedo ou tarde recompensaria com um cargo permanente um talento como o seu; e tinha a certeza interior, que nascia da confiança em si mesmo, de que nesse meio tempo encontraria formas e meios de sobreviver. Aos 25 anos tinha certamente adquirido a capacidade de decidir que caminho na vida lhe parecia mais adequado a suas necessidades e seu talento. E tinha força para impor sua decisão a qualquer um, até ao pai.

O quanto se tornara autoconfiante pode ser observado em cada linha das cartas deste tempo para o pai, o qual tentava, com toda a força dos argumentos inteligentes que conseguia reunir, dissuadi-lo de um passo que encarava como um terrível erro. Naturalmente, Leopold acusou Mozart de esquecer seu dever para com o príncipe e para com o próprio pai. Mas o jovem já fugira do seu controle. A recusa abrupta de Mozart não foi menos incisiva do que os argumentos de seu pai; e foi mais efetiva, pois, aparentemente não violou as normas tradicionais da relação pai-filho. Mozart desviou-se dos apelos admonitórios à obrigação filial relembrando as obrigações paternas. Por exemplo, no dia 19 de maio de 1781 escreveu: "Ainda não me recobrei de meu assombro e jamais conseguirei, se o senhor continuar a pensar e a escrever dessa maneira. Devo confessar, não há em sua carta nenhum detalhe no qual reconheça o meu pai! Vejo

94 12 de maio de 1781 (segunda carta); *LMF*, p.732.

um pai, é verdade, mas não aquele pai a quem amo e que me ama, que se preocupa com sua própria honra e com a dos filhos — em suma, não é o *meu* pai!"[95]

Com sua decisão pôs em risco, até certo ponto, a posição do pai na corte de Salzburgo. Tentou mitigar suas preocupações. Mas como era de seu feitio, também nisso foi levado pela imaginação. Se acontecesse o pior, declarou, o pai e a irmã tinham apenas que ir morar com ele em Viena, estava certo de poder prover a todos.[96] Pode-se ver a extensão de seu dilema. Até então, a família Mozart se mantivera sempre unida na luta pela sobrevivência. O pai tinha sempre ajudado incondicionalmente a causa do filho — embora, sem dúvida, ela também fosse a sua. E o filho era profundamente ligado ao pai. Por mais que uma parte desse amor estivesse mesclada de hostilidade, a intensidade das cartas que escreveu neste período mostra a força da ligação. Entretanto, Leopold Mozart não podia esconder de si próprio que seu filho estava submetendo a família à destruição enquanto unidade de sobrevivência e, apesar de todas as afirmações em contrário, seguindo seu próprio caminho. Via com muito mais clareza como eram pequenas as chances de Mozart ganhar a vida sem um posto permanente, quanto mais sustentar o pai e a irmã. Tudo o que sabia era que o filho estava arriscando, num único lance de dados, tudo pelo qual trabalhara tanto tempo.

O rompimento de Mozart com o pai foi, considerando bem, um ato espantoso. É essencial prestar atenção a este aspecto de sua maturação, seu processo civilizador pessoal, quando se deseja esclarecer tanto para si próprio como para outros que o desenvolvimento do artista é o desenvolvimento do homem. Os especialistas em música podem entender muito de música e pouco de seres humanos, e fabricam então uma marionete de um artista autônomo, um "gênio" que se desenvolve imanentemente. Mas, fazendo isto, eles meramente contribuem para um falsa compreensão da própria música.

Por quase vinte anos Mozart viveu com o pai. Por todo esse tempo, o pai o guiou. Durante a maior parte dessa fase impres-

95 *LMF*, p.733-4.
96 13 de maio de 1781: III, p.119.

sionável, ele foi para Mozart professor, empresário, amigo, médico, guia de viagem e intermediário nos negócios com os outros. Algumas vezes ouvimos falar dos traços infantis que Mozart guardou até a morte. Ele realmente possuía tais traços. E não é de surpreender, dada a longa dependência com relação ao pai, que restringiu suas possibilidades de independência a tocar e compor música.

Mozart era um observador perspicaz do que acontecia a seu redor — em relação a particularidades e pequenos fatos. Mas seu senso de realidade era limitado, e consideravelmente prejudicado por seus desejos e fantasias. Quando chegava numa nova corte e um príncipe lhe dirigia palavras de amizade ou um de seus trabalhos era recebido com aplauso, sempre era tomado pela certeza absoluta de que seu sonho de uma posição segura e coroada de honras estava a ponto de ser realizado. E assim foi por quase toda sua vida. Só muito tarde, sob o peso cada vez maior das dívidas, compreendeu com um pouco mais de clareza que sua esperança poderia ser uma ilusão, e esse choque de realidade o abalou muito. Sua indiferença e incompetência para dinheiro sem dúvida eram também um resíduo da infância, na qual seu forte e metódico pai cuidara de tudo para ele. Possivelmente, sua espontaneidade na transformação de fantasias em sons, seus sentimentos em relação à música, e portanto a riqueza de sua imaginação musical eram também um resíduo de infantilidade — e quem desejaria que esta espontaneidade de uma fase mais precoce fosse substituída pela falta de espontaneidade natural nos adultos de sua sociedade?[97]

Mas ao falar de traços "infantis" em Mozart é fácil esquecer o quanto ele era adulto em outros aspectos. Uma evidência disso é a determinação com que levou a cabo sua revolta pessoal contra seu empregador e senhor, e uma evidência maior é a revolta contra o pai; esta, provavelmente bem mais difícil. A crise desta separação, o sinal da idade em Mozart, pode parecer uma parte normal do ciclo da vida humana. Mas em vista da profun-

97 Entretanto, o fato de que suas fantasias e sentimentos, e as paixões que os alimentavam, não o tivessem arrebatado, e o fato de ser capaz de dar à sua energia uma expressão renovada e vigorosa sob formas musicais, e portanto de dominá-la, é uma indicação de maturidade — de sublimação bem sucedida.

didade e extensão da ligação precedente, o rompimento com o pai é simplesmente espantoso. Isso demonstra uma força de caráter que surpreende, quando se leva em conta sua educação.

Mozart estava ansioso, como se pode ver através de suas cartas, para ter o pai a seu lado. O passo que deu imprimira nova direção a todo o seu futuro — disso estava ciente. E o fez sem procurar o conselho do pai. Isto era algo novo em sua vida. Agira impulsivamente, mas ao mesmo tempo percebeu com clareza que tinha que agir assim, e não de outro modo.

É certo que Mozart só foi capaz de resistir ao poder dobrado da autoridade de seu senhor e empregador e do pai porque estava fortalecido pela consciência do valor de sua obra artística, e portanto de seu próprio valor. Este autoconhecimento se consolidou durante os longos anos de viagens e aprendizado do menino prodígio, e claramente não perdeu nem um pouco de sua convicção durante os reveses sofridos em busca de um emprego.

Não se pode deixar de perguntar o que teria acontecido com Mozart caso não tivesse ficado tão profundamente convencido, a uma idade relativamente jovem, da natureza especial de seu talento musical, e de seu dever de dedicar-lhe sua vida. Teria sido capaz de produzir os trabalhos musicais aos quais deve sua posterior classificação de gênio, se na crítica situação de 1781 não tivesse tido força para resistir às pressões de seu senhor, de seus superiores na corte e de seu pai — resumindo, as forças combinadas de Salzburgo? Teria feito óperas como *Seraglio, Don Giovanni* ou *As bodas de Fígaro*, ou os concertos para piano como a admirável série de Viena, caso tivesse voltado a servir em Salzburgo — com tudo o que isso significava em termos de instruções do arcebispo — e não participasse, ou só esporadicamente, da rica vida musical de Viena com seu público (comparativamente) esclarecido? Não se pode esperar uma resposta definitiva a essas perguntas. Mas é muito provável que se Mozart tivesse decidido, para poder ganhar a vida, obedecer à ordem do arcebispo e usar a maior parte de sua energia de trabalho do modo que seu empregador desejava, estaria muito mais preso às formas tradicionais de compor e teria menos liberdade para desenvolver a tradição da música de corte da maneira que é característica dos trabalhos do seu período de Viena e de sua subsequente fama de gênio.

Mozart não se expressou nestes termos, mas o que disse e fez neste período crítico demonstra com que segurança sentiu que não iria conseguir se realizar, se não tivesse liberdade para seguir as fantasias musicais que nele brotavam — muitas vezes, inesperadamente. Queria escrever música como ditavam as suas vozes interiores, não como era ordenado por uma pessoa que ofendia sua honra e rebaixava sua convicção do seu próprio valor. Este era o cerne de sua disputa com o arcebispo: um conflito sobre sua integridade e autonomia pessoal e especialmente artística.

O conflito foi se formando lentamente e explodiu pela primeira vez na luta desigual contra o príncipe seu senhor, e depois em sua emancipação das ordens do pai. Desde então — com pequenos e longos intervalos — Mozart foi perseguido por ele, como na mitologia antiga alguém era perseguido pelas Fúrias. Só que nesta era a compulsão de um destino determinado pelos deuses que levava pessoas inocentes a se lançarem, carregadas de culpa, no conflito. Aqui era um impulso que nascia da coexistência entre pessoas e seus poderes-potenciais desiguais — um conflito social. Foi travado primeiro entre um príncipe e seu empregado de talento sem precedentes, que desejava seguir a própria voz, a própria consciência artística, seu senso da precisão intrínseca das sequências de notas que nele brotavam, como, em outras pessoas, palavras. Mas, ao mesmo tempo, havia algo mais em jogo do que simplesmente duas pessoas: duas concepções diferentes da função social do músico, uma delas firmemente estabelecida, outra que até então ainda não tivera seu devido lugar. Era, portanto, também um conflito entre dois tipos de música, um dos quais, a música artesanal da corte, correspondia à ordem social predominante, enquanto o outro, a do artista autônomo, entrava em contradição com ela.

A posição do músico nessa sociedade era basicamente a de serviçal ou a de artesão. Não era muito diferente da posição de um entalhador, pintor, cozinheiro ou joalheiro que, sob encomenda de senhoras e cavalheiros de trato, tinham que criar produtos de bom-gosto, elegantes, ou mesmo um tanto estimulantes, para a sua instrução e entretenimento, que melhorassem a qualidade de suas vidas. Sem dúvida, Mozart sabia que sua arte, tal como a via, iria definhar se ele, sob as ordens de pessoas desagradáveis ou mesmo detestáveis, tivesse que criar música para agradá-las, a despeito de seu próprio humor ou de sua afinidade interna com o que lhe fosse encomendado. Embora jovem, sentia claramente que sua energia como compositor se desperdiçaria caso continuasse a se consumir nos confins estreitos da corte de Salzburgo e nas tarefas por ela determinadas, particularmente porque nessa cidade não havia nem mesmo um teatro de ópera, e apenas uma orquestra medíocre. Por sua vez, o arcebispo sabia muito bem que o jovem Mozart tinha um talento incomum e que contribuía para o prestígio de sua corte tê-lo a seu serviço. Estava até disposto a emprestá-lo a outras cortes, se necessário. Mas esperava, afinal, que Mozart cumprisse suas obrigações e, como qualquer outro artesão ou serviçal, fizesse aquilo por que era pago. Em suma, queria que Mozart produzisse *divertimenti*, marchas, sonatas de igreja, missas ou qualquer outra peça elegante na moda do tempo, sempre que fosse preciso.

Este, então, era o conflito — um conflito entre duas pessoas, certamente, mas duas pessoas cuja relação recíproca era modelada, em alto grau, por sua diferença na escala social e portanto em termos do poder à sua disposição. Foi nesse cenário que Mozart fez sua escolha. É preciso levar em conta a diferença inata de poder entre ele e o arcebispo para se avaliar como eram fortes as razões que o levaram a tal decisão.

Recordar que Mozart certa vez se viu em tal encruzilhada, que foi forçado a tomar uma decisão que afetou todo o rumo futuro de sua vida — e recordar também que ele optou por um caminho e não por outro — evidencia ainda melhor como é equivocada a divisão conceitual entre o "artista" e o "homem". Fica claro que o desenvolvimento musical de Mozart, a qualidade especial de sua evolução como compositor, é inseparável do desenvolvimento de outros aspectos de sua pessoa — no caso, sua capacidade de perceber que carreira, ou precisamente, que lugar seria mais frutífero para o desabrochar de seu talento. A ideia de que o "gênio artístico" pode se manifestar em um vácuo social, sem levar em conta a vida do "gênio" enquanto ser humano na convivência com os outros, pode parecer convincente se a discussão permanecer num plano muito genérico. Mas, se examinamos casos exemplares, considerando todos os detalhes relevantes, a noção de um artista se desenvolvendo autonomamente no interior de um ser humano perde muito de sua plausibilidade.

A revolta de Mozart contra o príncipe e o pai constitui um de tais casos exemplares. Não é difícil imaginar qual teria sido a disposição daquele jovem de 25 anos se tivesse se forçado a obedecer às ordens de seu senhor, voltando a sua cidade natal. Muitos músicos de seu tempo e idade certamente agiriam desta forma. Mozart, neste caso, provavelmente viveria em Salzburgo como um pássaro sem asas. A necessidade de assim decidir o teria ferido no âmago de sua coragem para enfrentar a vida, e de seu poder criativo. Ela lhe teria roubado a sensação de poder realizar-se em seu trabalho, de poder encontrar sentido em sua vida.

De qualquer forma, nas condições sociais da época e para um músico de sua categoria, a decisão que Mozart tomou foi totalmente inusitada. Na geração anterior, provavelmente teria sido impensável um músico da corte abandonar um posto sem antes garantir outro. À época, praticamente não havia alternativa à vista naquele espaço social. Em sua visita a Viena, Mozart contou com a ajuda de famílias que conhecia na aristocracia da corte, para procurar meios alternativos de sustento. Isto lhe deu esperanças que acabaram sendo decisivas para que se demitisse do posto em Salzburgo. Foi capaz de nutrir seu desejo de realização pessoal e de se estabelecer como uma espécie de "artista autônomo", em Viena, porque as condições na capital da Áustria haviam se desenvolvido a ponto de lhe oferecer uma pequena chance de sobrevivência.

Se sua decisão foi realística, é outra questão. Talvez os mais velhos estivessem certos ao adverti-lo quanto à extrema insegurança da vida em Viena para um músico sem emprego seguro e salário fixo, e ao encarar tal decisão como um sinal de sua inconsequência juvenil, de sua ignorância do mundo. Naquele tempo, e mesmo hoje em dia, a busca de significado e realização e a procura de uma existência segura raramente apontam para a mesma direção. No entanto, é provável que o próprio Mozart tivesse poucas dúvidas quanto à sua decisão. A seu ver, voltar para Salzburgo seria tirar o sentido de sua vida; para ele, o plano de romper com Salzburgo e ficar em Viena fazia todo o sentido. Em Viena, poderia respirar mais livremente, ainda que ganhar a vida lhe custasse um esforço considerável, e não teria nenhum senhor com o direito de dar-lhe ordens.

Claro que ainda dependia de outras pessoas. Mas de algum modo era uma dependência menos opressiva (e menos segura). Quando ainda morava na residência do arcebispo e tinha que se submeter ao papel de serviçal junto com todos os outros músicos, já havia restabelecido seus antigos contatos com a aristocracia da corte de Viena. A condessa Wilhelmine Thun e o conde von Cobenzl, conselheiro da corte e de Estado, tinham convidado o jovem de extraordinário talento a visitá-los. Começou a procurar alunos de piano, aparentemente com algum sucesso. Em maio de 1781, antes do pontapé que selou sua partida de Salzburgo, já tinha falado ao pai sobre uma "subscrição para seis sonatas".[98] Referia-se a algumas peças para piano e violino que dedicou à uma aluna, Josepha von Auernhammer, e foram publicadas no final de novembro do mesmo ano. Viena deliciava-o e estimulava-o. Durante algum tempo, após o rompimento com o arcebispo, ele demonstrou muito boa disposição. Como sempre, via muito próxima a possibilidade de um cargo agradável; como sempre, isso se mostrou um castelo de cartas. Tinha tantos alunos de piano quantos desejasse mas, como não gostava muito de ensinar, tentou limitar este número. Estava contando com uma renda extra proveniente de concertos nas casas de nobres, de concertos por subscrição pública, e de subscrições para as partituras de suas composições.

E, acima de tudo, era iminente a encomenda de uma ópera, com o apoio imperial. No dia 30 de julho de 1781, um experiente e habilidoso autor de textos para óperas, o jovem G. Stephanie, entregou a Mozart o libreto de um *Singspiel* com um tema turco, *Bellmont und Constance* ou *O rapto do serralho*. Mozart trabalhou nesse projeto com grande empenho. Um pouco da liberação jovial do início de seu tempo em Viena aparece na música que escreveu para tal texto. Mais do que em suas óperas anteriores, tomou a liberdade de desenvolver, à sua própria maneira, a tradição da música da corte, na qual crescera e que se tornara

98 19 de maio de 1781; III, p.118.

sua segunda natureza. Poder agir assim, fazendo mais do que lhe era permitido em Salzburgo — seguir sua própria imaginação — era um dos seus desejos primordiais. Era, como dissemos, sua maneira de se realizar.

Até aí Mozart realmente se assemelhava a um artista autônomo. Mas mesmo essa primeira tentativa de soltar as rédeas de sua imaginação musical revelou algo do dilema enfrentado pelo artista "livre". Ao dar asas à fantasia individual, e especialmente a sua capacidade de sintetizar elementos anteriormente dispersos, de modo a romper com os padrões de gosto existentes, ele prontamente reduz suas chances de encontrar acolhida por parte do público. Isto não é necessariamente ameaçador, se as relações de poder na sociedade forem tais que o público amante da arte e que paga para desfrutá-la estiver um tanto indeciso quanto a seu gosto, ou ao menos depender, para a formação deste, de *establishments* artísticos especializados a que pertençam os principais artistas. Isso é diferente numa sociedade cujo *establishment* encara o bom-gosto nas artes, assim como em roupas, mobílias ou residências, como a prerrogativa natural de seu próprio grupo social.[99] Aqui, pode ser muito perigosa a tendência do "artista autônomo" a inovar além do padrão existente. O imperador José II, que de algum modo se envolvera no projeto de *O rapto do serralho* enquanto protótipo da *Singspiel* alemã, ficou nitidamente insatisfeito com o trabalho final. Declarou ao compositor após a *première* em Viena: "Notas demais, meu caro Mozart, notas demais."

Parece que uma das cantoras também se queixou de que sua voz não podia ser ouvida acima da orquestra. Igualmente nesse

---

99 Numa carta de 4 de novembro de 1777 (II, p.101), Mozart diz que tinha composto um concerto para o oboísta da orquestra de Mannheim, o qual ficara "louco de alegria" com ele. Quando tocou o concerto ao piano na casa do regente de Mannheim, os ouvintes gostaram muito. Ninguém disse que não era bem composto, acrescenta Mozart ironicamente e com alguma amargura; mas eles tinham obrigação de perguntar ao arcebispo, que logo os corrigiria.

Esse lado da relação de Mozart com seu empregador precisa ser considerado para que se possam julgar corretamente suas consequências. Não se questionava se um membro da classe dominante tinha a competência necessária para julgar questões de música. E, se um serviçal fosse tão orgulhoso de sua capacidade quanto Mozart, ele tinha que aprender que um príncipe sempre entende mais de música do que um súdito.

ponto, sem se dar conta, Mozart tinha inaugurado outro deslocamento na relação de poder. Nas ópera de corte ao estilo antigo, os cantores é que mandavam. A música instrumental era subserviente; estava ali apenas para acompanhá-los. Mas, no *Seraglio*, Mozart mudou um pouco este equilíbrio de poder; algumas vezes gostava de intercalar as vozes humanas com as dos instrumentos, numa espécie de diálogo. Solapou, assim, a posição privilegiada dos cantores. E ao mesmo tempo inquietou a sociedade de corte, que, numa ópera, estava acostumada a ter empatia com as vozes humanas e não com as vozes simultâneas da orquestra. Se Mozart deu à orquestra algo a ser dito, o público não escutou. Somente escutou "notas demais".[100]

---

100 *Nota do organizador*. Nesse ponto há uma interrupção no manuscrito original; a seção que se segue tem como título Parte 2 do "Ato IV" do drama de vida de Mozart ("Mozart em Viena") e é apenas um fragmento.

Completa-se a emancipação: o casamento de Mozart

Os eventos descritos até agora, o rompimento de Mozart com o arcebispo, a decisão de deixar a cidade natal e morar em Viena como artista autônomo, foram apenas os primeiros passos no sentido de se desligar do pai. O passo emancipatório seguinte foi a decisão de se casar.

Pode-se pensar que, para um pai tão sagaz como Leopold Mozart, a notícia de que o filho de 25 anos queria se casar deveria ter sido recebida com tranquilidade, se não com entusiasmo, como algo há muito esperado. O pai de Mozart não conseguiu reagir assim, por razões compreensíveis. Ele, também, odiava o serviço na corte de Salzburgo. Como vice-regente, não era particularmente bem pago, tinha uma situação relativamente baixa, muito aquém de sua capacidade intelectual, e estava frequentemente sujeito a um tratamento humilhante. Mas, diferentemente de Mozart, curvava-se ao inevitável; aceitava a humilhação de dentes cerrados e de joelhos. Sua única possibilidade de escapar dessa situação intolerável era uma posição elevada e bem remunerada para o filho. Sempre sonhou — assim como a esposa, até sua morte em Paris — que iria segui-lo; e em seus anos de viagem e aprendizado, Mozart, que dependia financeiramente do pai, nunca deixou de alimentar tais esperanças. No círculo familiar, tinha-se como certo que ficariam juntos quando o jovem, finalmente, conseguisse um alto posto.

Mozart estava com 25 anos, e quando deixou Salzburgo involuntariamente se manteve fiel a esta ideia familiar. Em seus esforços para acalmar o ansioso pai, escreveu-lhe dizendo que lhe daria a metade do que ganhasse, tão logo conseguisse um posto permanente.[101] Prometera à irmã que iria buscá-la e ao seu noivo secreto, já que, devido a razões por nós ignoradas, não podiam casar-se em Salzburgo.[102] Por trás das amargas censuras de Leopold ao filho quanto à decisão de ir para Viena e de seus desesperados esforços para fazê-lo mudar de ideia, estava o medo do prisioneiro que vê suas esperanças de fuga desvanecerem para sempre. A maior parte de suas cartas desta época se perderam. Mas, nas respostas do filho, pode-se perceber um reflexo da ansiosa preocupação com que tentava, à distância, supervisionar as atividades do filho.

Naquele mundo pequeno, relativamente confinado, as cartas rapidamente levavam os mexericos de Viena para Salzburgo e o eco dos mexericos de Salzburgo de volta a Viena. Abalado pela crescente independência do filho, de cuja sorte seu próprio futuro agora dependia, Leopold claramente se perguntava: "O que o menino será capaz de fazer em Viena?" Constantemente ouvia rumores que o deixavam inquieto, e imediatamente enviava perguntas e reprimendas preocupadas ao filho. Tinha chegado a seus ouvidos, escreveu, que Mozart comia carne nos dias de abstinência e até se gabava disso. Então não pensava nem um pouco na salvação de sua alma? E o filho respondeu que não tinha se gabado de comer carne em dias de abstinência, mas que simplesmente dissera não considerar isso um pecado. Ouvira dizer, escreveu o pai, que Mozart havia sido visto na companhia de uma pessoa de má reputação no baile de carnaval. E o filho respondeu com sua peculiar e astuta honestidade, a qual ocultava muitos detalhes, que conhecera a mulher em questão muito antes de saber que não tinha boa reputação, e como era preciso uma parceira para o baile de carnaval, não teria sido adequado romper abruptamente a relação, embora aos poucos tivesse começado a dançar também com outras mulheres.[103]

E havia o problema da moradia, que causava enorme preocupação a Leopold. Mozart tinha se alojado na casa da viúva Weber e de suas filhas, a quem conhecia de Mannheim. Amara em especial — e intensamente — uma das moças que então já estava

101 Carta de 15 de dezembro de 1781: III, p.182.
102 19 de setembro de 1781: III, p.158 e seg.
103 13 de junho de 1781: III, p.129.

casada e se tornara uma cantora famosa. Escreveu ao pai, com muita franqueza, que seus sentimentos por ela continuavam vivos. Não que isto tivesse alguma importância, acrescentou, já que ela não era mais livre.[104] Mas agora Mozart estava morando com a senhora Weber e suas filhas solteiras, como um galo no galinheiro, o que deixou o pai muito perturbado. Até onde será que isto iria levá-lo? E aconselhou o filho, com insistência cada vez maior, a procurar novas acomodações. Tinha ouvido coisas muito inquietantes a respeito do caráter da viúva Weber. Era uma mulher dominadora que estava decidida a encontrar maridos para as filhas de qualquer maneira — inclusive alugando quartos. Mozart respondeu que iria procurar novas acomodações; de qualquer forma, tinha outras coisas em vista que não diziam respeito ao casamento; já era muito difícil manter a cabeça fora d'água.[105]

A correspondência não se limitava aos receios paternos quanto à vida amorosa do filho, ou às tentativas filiais de aplacá-los. Mozart falava da ópera que então escrevia. Ela absorvia-o por completo — como poderia pensar em casamento? Mas o libretista, Herr Stephanie, não lhe entregava o texto com rapidez suficiente: "Estou começando a perder a paciência, por não poder continuar escrevendo minha ópera. É verdade que estou compondo outras coisas enquanto isso, mas todo o meu entusiasmo é com a ópera, e o que em outras épocas me exigiria quatorze dias para escrever, agora posso fazer em quatro.[106]" E pai e filho também travavam uma discussão de especialistas a respeito da ópera. Leopold era da opinião que as falas que Stephanie escrevera para Osmin eram muito rudes, e como versos não eram particularmente boas, e o filho respondia que, embora isto fosse verdade, fazia a poesia adequar-se ao caráter de Osmin, que era um sujeito estúpido, grosseiro, malicioso. A própria rusticidade do verso combinava com as ideias musicais que já andavam "passeando" por sua cabeça.[107] Mozart estava evidentemente satisfeito com o texto; ele o inspirava, e ia ao encontro de sua

104 16 de maio de 1781: III, p.116 e seg.
105 25 de julho de 1781: III, p.140.
106 6 de outubro de 1781: *LMF*, p.771.
107 13 de outubro de 1781: III, p.167.

ideia de que, na ópera, a poesia deveria estar a serviço da música. Era por isso que as óperas cômicas italianas recebiam tantos aplausos — nelas, a música mandava nas palavras.

Sem dúvida alguma, Mozart não vivia como eremita. Gostava do sexo feminino, e em Viena deve ter encontrado mais mulheres a seu gosto do que em Salzburgo; elas, por sua vez, gostavam do jovem músico que, embora não fosse muito atraente, era animado, inteligente e inacreditavelmente talentoso. Não sabemos até onde esses casos iam. Mas pode valer a pena mencionar um deles, que foi sinuosamente abrindo seu caminho como se fosse uma trilha cômica através dos dramáticos eventos daquela época.

Entre as damas vienenses das classes mais altas que se interessaram por Mozart destacava-se, sobretudo, a baronesa von Waldstätten. Era separada do marido e tinha fama de ser uma senhora um tanto fácil. Até onde se pode perceber, a relação de Mozart com ela, qualquer que tenha sido o tipo, foi a única que seguiu o padrão familiar da ligação entre uma mulher mais velha e mais experiente e um jovem relativamente inexperiente. A baronesa von Waldstätten, *née* von Schäfer, nascera em 1741, e tinha, assim, quinze anos mais que Mozart. Era uma mulher atraente, com quarenta anos de idade quando o compositor a conheceu, e por algum tempo foi para ele mãe, amiga e protetora ao mesmo tempo. A 3 de novembro de 1781, ele escreveu para o pai, não sem orgulho,[108] dizendo que no seu dia onomástico, depois de ter ido cedo à missa, e ao se preparar para escrever-lhe, recebera a visita de um grupo de pessoas que viera dar-lhe os parabéns. Ao meio-dia fora, de carruagem, para a casa da baronesa Waldstätten, em Leopoldstadt, onde passara o dia. Às 11 da noite, quando se despia para ir para a cama, seis músicos tomaram posição no pátio e tocaram para ele uma pequena *Nachtmusik*, sua própria serenata para sopro em mi bemol maior (K 375). Pode-se imaginar a cena, que poderia constar de uma de suas óperas: Mozart, no balcão, a ouvir os músicos, evidentemente mandados pela baronesa, agradecendo e então se recolhendo.

---

108 III, p.171.

Pouco depois, a 15 de dezembro, informou ao pai que decidira casar-se com uma das filhas da senhora Weber, Constanze, e pedia-lhe sua compreensão e aprovação. Admitia que hesitara antes de escrever a carta, já que previa a resposta. O pai certamente iria perguntar como um homem sem renda garantida poderia pensar em se casar. Mas ele tinha muito boas razões para dar tal passo: a voz da natureza falava nele tão alto quanto nos outros — e, acrescentava, "mais alto, talvez do que em muitos latagões grandes e fortes".[109] Por outro lado, não estava em sua natureza dormir com prostitutas ou seduzir jovenzinhas. Ele amava Constanze assim como ela o amava e, como ele precisava de certezas no amor, o casamento era a única resposta.

Para o pai, a decisão significava o fim de todas as esperanças. Tentou persuadi-lo a mudar de ideia; fez ameaças e recusou dar-lhe consentimento — como se pode ler em qualquer biografia de Mozart. No final, foi a baronesa Waldstätten quem levou o casal à igreja. Leopold Mozart nunca se recuperou inteiramente do golpe.[110]

---

109 *LMF*, p.783.

110 Particularmente porque não gostava de Constanze para noiva e esposa do filho. Quando Mozart se casou, ela era uma jovem sem instrução, muito animada e namoradeira no círculo de seus amigos mais próximos. Suas tentativas de conquistar os enfurecidos parentes de Mozart, particularmente a irmã, com pós-escritos às cartas dele, mostram uma afetação quase insuportável (é bem verdade, numa situação difícil), que provavelmente teve o efeito oposto ao desejado. Por isso são surpreendentes as cartas comedidas, bem-informadas e inteiramente sem afetação que escreveu em idade mais avançada, após enviuvar duas vezes.

O drama da vida de Mozart: uma cronologia sob a forma de notas

O problema sociológico: a transição da arte de artesão para a arte de artista

Arte de artesão (com suas derivações, arte *da corte* ou *oficial*): produção de arte para um patrono pessoalmente conhecido, com *status* social muito superior ao do produtor (num gradiente íngreme de poder). Subordinação da imaginação do produtor de arte ao padrão de gosto do patrono. Arte não especializada, mas uma função de outras atividades sociais dos consumidores (primariamente, um aspecto do dispêndio na competição por *status*). Forte caráter social e fraco caráter individual dos produtos de arte, simbolizados pelo que chamamos de "estilo".

Arte de artista: arte criada para um mercado de compradores anônimos, mediados por agências tais como negociantes de arte, editores de música, empresários etc. Mudança na relação de poder em favor dos produtores de arte, significando que eles podem induzir o consenso público quanto a seu talento. Maior independência dos artistas a respeito do gosto artístico da sociedade, paridade social entre o artista e o comprador de arte (democratização).

Problema: *Quais são as razões para a mudança na situação social dos artistas?* Ascensão social da massa das classes profissionais; os compradores de arte são predominantemente membros abastados da classe média ou autoridades civis ou do Estado. Ainda é uma exceção para um sindicato, por exemplo, na Inglaterra, comprar sistematicamente obras de arte como investimento.

Que mudanças na forma artística são explicadas por tal mudança na situação social dos artistas? Maior individualização da obra de arte, maior campo para a fantasia artística individual, maior campo para sair dos trilhos, portanto aumento do *kitsch*, já que o padrão estrito de gosto artístico de uma classe social mais alta perdeu, em boa medida, a função de restrição supervisionadora da imaginação artística individual. A transição da arte de artesão para a arte de artista é, portanto, característica de um *deslocamento civilizador*: o produtor de arte passa a depender mais de sua autorrestrição pessoal, controlando e canalizando sua fantasia artística.

Por que a transição de arte de artesão para a arte de artista não aconteceu simultaneamente em todos os campos artísticos? Ou em todos os lugares do mundo? Exemplo de irregularidades no desenvolvimento da arte em diferentes sociedades: até recentemente, a arte de artesão africana existia lado a lado com a arte de artista europeia. Agora, lentamente, ela está se transformando em arte de artista.

Exemplo de irregularidades temporais na transição da arte de artesão para a arte de artista em diferentes esferas: na Alemanha, a literatura passou por tal transição um pouco mais cedo do que na música. Uma das explicações-chave é: o desenvolvimento da literatura alemã estava vinculado ao surgimento de um público de classe média que lesse em alemão. Em contraste, o desenvolvimento da música no tempo de Mozart foi decisivamente influenciado pelo gosto cortesão. O fato de Mozart depender materialmente da aristocracia de corte, quando ele já tinha se constituído como artista autônomo que primariamente buscava seguir o fluxo de sua própria imaginação e os ditames de sua própria consciência artística, foi a principal razão de sua tragédia.

O problema psicológico

Sem dúvida, o problema psicológico não pode ser tratado à parte do problema sociológico. Trata-se de um processo que não recebeu praticamente atenção alguma dos psicólogos acadêmicos, e relativamente pouca dos psicanalistas — o processo de *sublimação*. Já apontei, de passagem, que uma das peculiaridades do artista não cortesão, "autônomo", é uma combinação do livre fluxo de fantasia com a capacidade de controle através da autorrestrição individual, através de uma consciência altamente desenvolvida. Mais precisamente: fluxos-fantasia e impulsos de consciência não são meramente reconciliados no interior da estrutura de uma atividade artística, eles são efetivamente fundidos. Isto está no âmago do que chamamos de "gênio artístico". O fluxo de fantasias e de sonhos não é apenas despojado das tendências fortemente animais que estão em sua raiz, e que são inaceitáveis para o fluxo de consciência; ele efetivamente libera sua energia em harmonia com o padrão social, sem perder a espontaneidade. Sem uma purificação pela consciência artística, a corrente de sonhos e fantasias se mostra anárquica e caótica para todas as pessoas, exceto para quem sonha. O fluxo-fantasia libidinal só se torna significante para outras pessoas, i.e., capaz de mediação, se for socializado através da fusão com o padrão, ao mesmo tempo em que energiza e individualiza o padrão ou a consciência. O que muitas vezes é chamado de "certeza sonâmbula" — com a qual grandes artistas como Mozart dão forma ao material de sua fantasia de maneira tal que se percebe que o produto não poderia ser diferente — constitui expressão dessa fusão do fluxo-fantasia com a consciência artística.

Ato I: 27 de janeiro de 1756 — setembro de 1777

* Infância e juventude de um prodígio.

* Pai e filho. O desenvolvimento da relação.

* A busca infrutífera de postos nas cortes da Europa.

* Mudança na voz (em Nápoles) e a pressão crescente da dominação do pai.

* O singular treinamento musical de Mozart. Relações com todos os músicos conhecidos e famosos da época (incluindo Johann Christian Bach, Gluck, Haydn, Johann Adolf Hasse, Padre Martini). Tudo isto, além do treinamento intensivo pelo pai.

Ato II: setembro de 1777 — 8 de junho de 1781

* Primeira viagem sem o pai. Começo da emancipação e suas dificuldades: consciência.

* O primeiro caso amoroso (conhecido): sua prima (Bäsle), a mulher vulgar para Mozart.

O primeiro grande amor (conhecido): Aloisia Weber, a mulher sublime para Mozart — sexo e erotismo.

* A primeira grande briga (conhecida) com o pai.

* O humor fecal de Mozart. Problema: o que, neste humor, é característico do padrão de sua sociedade, e o que é mozartiano, i.e., especificamente individual? O problema do humor (em relação à civilização) ser considerado como uma fuga individual para as ideias; vinculação constante de fantasias fecais e orais. Caráter compulsivo que está, não obstante, sob controle.

* Noção, cada vez maior, de seu próprio valor.

* Noção, cada vez maior, de sua vocação como compositor, especialmente de óperas: as primeiras óperas, inicialmente muito imitativas (incluindo *La finta semplice*, 1768; *Mitridate*, 1770; *Lucio Silla*, 1772; *La finta giardiniera*, 1775); grande número de peças instrumentais: quartetos de cordas, Divertimenti; a Sinfonia n.1 em sol menor (1773), concertos para violino (1775).

* Volta a Salzburgo, designação na corte de Salzburgo como regente da orquestra e organista da corte (15 de janeiro de 1779). No mesmo ano: *Iphigenie auf Tauris* de Goethe (primeira versão); a ópera de Gluck *Iphigenie auf Tauris*; Lessing, *Nathan der Weise*.

* Apresentação da última *opera seria* deste período, *Idomeneo* (Munique, 1780/1). Ópera no velho estilo, mas já com bastante desenvolvimento individual. Lessing, *Über die Erziehung des Menschengeschlechts*; Wieland, *Oberon*. Morte da imperatriz Maria Teresa.

* Rompimento com o arcebispo.

Ato III: 8 de junho de 1781 — maio de 1788

Liberação da imaginação artística, individualização do padrão. Música de corte sob uma forma única, altamente individualizada. Para mencionar apenas as óperas: 16 de julho de 1782, primeira apresentação de *O rapto do serralho* ("Notas demais", disse o Imperador). Primeira apresentação de *Die Räuber* (*Os salteadores*), de Schiller. 1º de maio de 1786, *As bodas de Fígaro;* recebida com críticas. 7 de maio de 1788, *Don Giovanni*. Medidas de economia em Viena, devido à guerra com os turcos.

Ato IV: 1788 — 5 de dezembro de 1791

Solidão crescente, decepções cada vez maiores. Se este ato fosse representado dramaticamente, ver-se-ia Mozart de pé, no palco, enquanto as pessoas conhecidas se vão embora, uma a uma. A esposa passa a maior parte do tempo nas estações de águas, as alunas nobres/patrícias que tinha anteriormente (condessa Rumbeke, condessa Thun, Josepha Auernhammer, Theresa von Tracknern etc.) foram-se todas. Aumentam as dívidas e as preocupações com dinheiro. Os concertos por subscrição que ele anuncia fracassam redondamente. *Don Giovanni* é recebido com frieza em Viena, embora saudado calorosamente em Praga. Suas cartas mostram-no num estado de desespero crescente, em parte devido aos problemas financeiros, em parte devido ao seu isolamento psicológico.

As razões são diversas:

* Rejeição pela sociedade aristocrática de corte devido ao *Fígaro*, que provavelmente foi tido como sedicioso.

* Suas obras são cada vez mais difíceis de entender.

* Compõe cada vez mais para si mesmo, seguindo o impulso de sua própria imaginação. As três grandes sinfonias e outras obras sao produzidas sem patronos, como artista autônomo. Mas, na época, as instituições de um mercado livre para obras musicais mal existiam.

Duas notas

Não esquecer o Quinteto de Cordas em sol menor (K 516): o espírito agitado, quase trágico, é seguido abruptamente por um tema quase trivial, meio galhofeiro, como se não pudesse permitir que a agonia e a dor fossem até o final, como se tivesse de suprimi-los com uma melodia leve, bem frívola e brincalhona. Naturalmente, ele retorna ao tema agitado, trágico, mas não recupera mais o efeito abrupto e poderoso que tinha no começo, quando subitamente irrompe para o ouvinte.

Wittgenstein disse: O que não se pode dizer, deve-se calar.

Creio que se pode falar com igual justiça: O que não se pode dizer, deve-se pesquisar.[111]

111 *Nota do organizador*: A primeira destas notas aparece em inglês no original. A segunda refere-se ao material de Mozart, como se pode ver pelo local onde foi encontrada (cf. Hildesheimer, op.cit., p.37 [ed. bras.: p.36]).

Posfácio do organizador

Norbert Elias morreu a 1º de agosto de 1990. Não pôde seguir e supervisionar a preparação deste livro. Mas aprovou minha sugestão de organizar um livro sobre Mozart (sem qualquer conexão com o "Ano Mozart", 1991); o título é dele mesmo, outro sinal de que reconhecia esta edição como obra sua. No entanto, a notícia espalhada pela imprensa, de que escreveu este livro até o dia de sua morte, não passa de uma lenda do tipo das "famosas últimas palavras". Na verdade, ele nunca manifestou a intenção de retomar o trabalho sobre Mozart, como fez a respeito de muitos outros projetos.

Os textos apresentados acima, de cuja seleção e plano final eu sou responsável, foram produzidos no quadro de um projeto mais amplo, que se manifestou também na reiterada indicação do título *Der bürgerliche Künstler in der höfischen Gesellschaft* ("O artista burguês na sociedade de corte"), como devendo constituir o volume 12 da nova série da edição Suhrkamp de suas obras. O Arquivo Elias contém os seguintes materiais relevantes:

1. Texto datilografado sem título (com a etiqueta "Mozart") de 81 páginas, com correções parciais e adições manuscritas, juntamente com rascunhos preliminares de algumas passagens e notas adicionais incompletas. Tal texto provavelmente foi escrito em conjunção com a Conferência 5.

2. Texto datilografado "Mozart em Viena" (com a etiqueta "Ato IV de Mozart"), 15 + 5 páginas, com correções à mão em alguns lugares, e também alguns rascunhos preliminares e notas adicionais (ver p.129, n.100). Provavelmente foi escrito para um livro sobre Mozart que havia planejado.

3. Texto datilografado "O artista burguês na sociedade de corte, exemplificado por Mozart" (com a etiqueta "Artista"), 14 páginas; possivelmente produzido para outra conferência não preservada no Arquivo Elias.

4. Texto datilografado "Plano" (provavelmente para 1 e/ou 5), 6 páginas.

5. Gravação editada de uma conferência (com debates) apresentada em Bielefeld a convite da Faculdade de Literatura e Linguística, com o título: "Reflexões [problemas] sociológicas sobre o gênio, exemplificadas por Mozart". É difícil estabelecer a data desta conferência, mas é possível que tenha ocorrido no inverno de 1978/9.

6. Gravação editada e transcrição de uma conferência de improviso transmitida pela Westdeutscher Rundfunk III (publicada em uma edição resumida em *die Tageszeitung*, 4 de agosto de 1990, p.14).

7. Várias notas datilografadas e manuscritas.

O presente livro foi organizado a partir deste material. Suas três partes correspondem essencialmente aos Textos datilografados 1, 2 e 4 (com duas notas do 7). O Texto datilografado 3 contém muitas duplicações dos outros materiais, não justificando sua publicação em separado. No entanto, partes dele, algumas menores e outras maiores, contêm novas ideias e foram incorporadas nas "Reflexões sociológicas sobre Mozart" e, em alguns casos, em notas. A Conferência 5 e algumas das notas da 7 foram usadas da mesma maneira; já a Conferência 6 não resultou em virtualmente nenhum material novo. Todos os trechos maiores dos outros manuscritos foram colocados no segundo e terceiro capítulos das "Reflexões" (p.15-44 acima). Também pareceu aconselhável ampliar e reorganizar desta maneira o Texto datilografado 1, porque Elias originalmente abordou de modo apenas experimental suas principais ideias sociológicas sobre o tema.

No primeiro dos textos acima, todos os títulos e divisões entre capítulos, seções e, em alguns casos, parágrafos, são da responsabilidade do organizador. O manuscrito, que o autor não finalizou, foi editado para publicação (integração cuidadosa e adensamento da argumentação, verificação dos fatos, citações e referências, alguma atenção ao estilo). À parte o material de outros manuscritos já mencionados, foram incorporados trechos de notas preliminares ou adicionais, incluindo uma digressão incompleta do Texto datilografado 2. O procedimento foi semelhante com o segundo texto, que também recebeu uma divisão diferente e foi suplementado com passagens de notas adicionais nas seções 3 e 4, embora tenha havido menos necessidade de condensação. Foram feitas pequenas supressões para evitar sobreposições com a primeira parte, mas apenas onde isto não rompia o contexto. O Plano final, que dá uma ideia de um possível contorno do livro tal como visto pelo autor num dado momento, foi ligeiramente reduzido. Aceitou-se o fato de que os três textos impressos cobrem, no geral, o mesmo campo, já que cada um se situa num diferente nível de síntese.

Isto quanto ao relato do organizador.

Devo concluir com alguns comentários mais pessoais. Desde 1983, seja como organizador, tradutor, ou em alguma função informal, venho apresentando a média de um volume por ano de trabalhos de Norbert Elias, principalmente, inéditos. Tal projeto editorial, através do qual Elias passou a ser tido como um autor de relevância contemporânea na Alemanha, teve sua origem numa iniciativa pessoal minha, que fui capaz de realizar graças a meu próprio empenho e à inestimável ajuda de outras pessoas, especialmente Friedhelm Herborth (Suhrkamp Verlag) e Hermann Korte (Universidade de Bochum). Título a título, consegui vencer a terrível ambivalência de Elias no que se referia à publicação. Apenas quem já tenha tido experiência com este autor, como leitor de editora, organizador ou editor, pode ter uma ideia do discernimento, perseverança, entusiasmo e afeto que a tarefa demandava.

Também com respeito ao seu conteúdo, os volumes que vieram a ser publicados deste modo foram o resultado de uma curiosa forma de colaboração sobre a qual talvez eu escreva com mais detalhes algum dia. Cada vez mais, foi sendo definido um procedimento através do qual eu, como organizador, tinha a tarefa de converter rascunhos, fragmentos, e até mesmo ideias isoladas do autor, em textos prontos ou livros acabados. Este tipo de esforço comum exigia de minha parte um alto grau de compreensão, julgamento, empatia e capacidade de trabalhar o material, naturalmente sem acrescentar ou retirar nada por minha própria conta. Onde parecia apropriado, ou onde era assim desejado, eu tinha de estar pronto para emitir uma opinião direta. Do lado de Elias, a colaboração implicava, acima de tudo, um grau único de confiança, que cresceu à medida que ele foi se convencendo, por uma série de pequenos fatos, de que eu era capaz de realizar a tarefa da maneira que ele desejava. Pode-se resumir o acordo dizendo que Elias delegou a mim uma parte de sua consciência extremamente rigorosa, e de sua investigação um tanto relapsa da realidade. Quanto a mim, eu desejava (não sem algum conflito) ser usado desta maneira íntima, já que tinha me imposto o objetivo de trazer este grande autor judeu de seu exílio de sua pátria linguística. Como resultado, há livros que são inteiramente de Elias, e outros que são "nossos", como o próprio Elias algumas vezes dizia. Tudo isso nada tinha a ver com filologia ou com ética editorial comum, mas muito com o processo real da produção de livros numa rede de pessoas vivas. Norbert Elias concordou inteiramente com tal processo — e isto será, para sempre, uma das minhas experiências mais ricas — porque correspondia de maneira profunda à sua própria imagem do ser humano.

No trabalho de *Mozart,* continuei a usar o mesmo método, como se a morte do autor nada tivesse mudado. Hoje em dia, acho que foi uma tentativa de negar a morte de um velho amigo muito querido. Mas, em retrospecto, fica claro que meu procedimento editorial anterior estava atado à relação pessoal e não pode simplesmente ser transferido para a publicação de uma verdadeira *oeuvre* póstuma. Para tal, uma diferente estrutura institucional, e talvez metodológica, deve ser encontrada. O presente ensaio sobre a "sociologia de um gênio", que fala de maneira tão comovente de uma relação pai-filho e do entrelaçamento antagônico entre as necessidades de realização de ambos, é o meu epitáfio para um reverenciado professor e amigo.

Berlim, 7 de março de 1991 — Michael Schröter

Índice

Nota: Neste índice, M. significa Wolfgang Amadeus Mozart; as referências familiares são em relação a ele, e todas as obras musicais citadas são suas.

1ª EDIÇÃO [1995] 12 reimpressões

ESTA OBRA FOI COMPOSTA POR TOPTEXTOS EDIÇÕES GRÁFICAS EM AGARAMOND
E IMPRESSA EM OFSETE PELA GRÁFICA PAYM SOBRE PAPEL ALTA ALVURA
DA SUZANO S.A. PARA A EDITORA SCHWARCZ EM AGOSTO DE 2021

FSC
www.fsc.org
MISTO
Papel produzido
a partir de
fontes responsáveis
FSC® C133282

A marca FSC® é a garantia de que a madeira utilizada na fabricação do papel deste livro provém de florestas que foram gerenciadas de maneira ambientalmente correta, socialmente justa e economicamente viável, além de outras fontes de origem controlada.